Cooperação internacional

Análise de Política Externa • Haroldo Ramanzini Júnior e Rogério de Souza Farias
Cooperação internacional • Iara Leite
Direito das Relações Internacionais • Márcio P. P. Garcia
Direitos Humanos e Relações Internacionais • Isabela Garbin
Economia Política Global • Niels Soendergaard
Europa: Integração e Fragmentação • Antônio Carlos Lessa e Angélica Szucko
História das Relações Internacionais • Antônio Carlos Lessa e Carlo Patti
Introdução às Relações Internacionais • Danielly Ramos
Métodos de Pesquisa em Relações Internacionais • Vânia Carvalho Pinto
Negócios Internacionais • João Alfredo Nyegray
Organizações e Instituições Internacionais • Ana Flávia Barros-Platiau e Niels Soendergaard
Política Ambiental Global e o Brasil • Matilde de Souza
Política Internacional Contemporânea • Thiago Gehre Galvão
Teoria das Relações Internacionais • Feliciano de Sá Guimarães

Proibida a reprodução total ou parcial em qualquer mídia
sem a autorização escrita da editora.
Os infratores estão sujeitos às penas da lei.

A Editora não é responsável pelo conteúdo deste livro.
A Autora conhece os fatos narrados, pelos quais é responsável,
assim como se responsabiliza pelos juízos emitidos.

Consulte nosso catálogo completo e últimos lançamentos em **www.editoracontexto.com.br**.

Cooperação internacional

Iara Leite

Coordenador da coleção
Antônio Carlos Lessa

editora**contexto**

Copyright © 2024 da Autora

Todos os direitos desta edição reservados à
Editora Contexto (Editora Pinsky Ltda.)

Montagem de capa e diagramação
Gustavo S. Vilas Boas

Preparação de textos
Ana Paula Luccisano

Revisão
Lilian Aquino

Dados Internacionais de Catalogação na Publicação (CIP)

Leite, Iara
Cooperação internacional / Iara Leite. –
São Paulo : Contexto, 2024.
144 p. (Coleção Relações Internacionais /
coord. por Antônio Carlos Lessa)

Bibliografia
ISBN 978-65-5541-484-4

1. Relações internacionais 2. Cooperação internacional
I. Título II. Lessa, Antônio Carlos

24-4481   CDD 327

Angélica Ilacqua – Bibliotecária – CRB-8/7057

Índice para catálogo sistemático:
1. Relações internacionais

2024

EDITORA CONTEXTO
Diretor editorial: *Jaime Pinsky*

Rua Dr. José Elias, 520 – Alto da Lapa
05083-030 – São Paulo – SP
PABX: (11) 3832 5838
contato@editoracontexto.com.br
www.editoracontexto.com.br

Sumário

INTRODUÇÃO 7

OS PRINCIPAIS DEBATES TEÓRICOS E AS SUAS LIMITAÇÕES 11

A evolução do debate entre realistas e liberais 13

Variáveis domésticas 19

O lugar dos países em desenvolvimento 24

A CONSTRUÇÃO HISTÓRICA DA COOPERAÇÃO
INTERNACIONAL EM TRÊS EIXOS 31

Norte-Norte 32

Sul-Sul 39

Norte-Sul 48

ATORES NÃO ESTATAIS..59

   Organizações da sociedade civil.................................59

   Governos locais..67

   Universidades..75

TEMAS..85

   Cooperação nuclear...85

   Cooperação alimentar..93

   Cooperação ambiental..99

   Cooperação em saúde...107

CONCLUSÃO..115

SUGESTÕES DE LEITURA..119

BIBLIOGRAFIA..139

AGRADECIMENTOS...141

A AUTORA...143

Introdução

A cooperação entre Estados ou entre outros tipos de agrupamentos situados em localidades distintas é tão antiga quanto a própria história da humanidade. Trata-se de um fenômeno que abarca uma multiplicidade de modalidades, tanto em termos de número e tipos de partes envolvidas quanto em termos temáticos. Porém, ao analisar determinada iniciativa de cooperação internacional é necessário não apenas identificar as partes, as modalidades e os temas que envolve; também é preciso compreender sua trajetória, incluindo os fatores que levaram à sua emergência e questões relacionadas à sua implementação e à distribuição de ganhos entre as partes.

Por um lado, a cooperação internacional é, como o próprio termo indica, uma modalidade de cooperação, cuja definição ampla remete à necessidade de mobilizar esforços de duas ou mais partes para que determinado(s) objetivo(s) seja(m) atingido(s). Não é necessário que todas as partes envolvidas possuam um mesmo objetivo ao cooperar, podendo sustentar objetivos distintos. Esses objetivos podem envolver ganhos materiais, relacionados a aspectos econômicos ou securitários, ou ganhos de natureza sociológica, como aqueles associados à busca por reconhecimento de uma ou mais partes como iguais.

Já definições mais restritas de cooperação, as quais se debruçam sobre iniciativas que se sustentam ao longo do tempo, levam em conta

Cooperação internacional

o caráter voluntário e negociado de determinada interação, os esforços envidados pelas partes para sua consecução e a satisfação dos envolvidos com os ganhos obtidos. É possível, inclusive, encontrar perspectivas que não tomam determinado fenômeno como cooperativo apenas por envolver ação conjunta, sendo a distribuição igualitária de recompensas entre as partes um dos critérios para enquadrar determinada interação como cooperativa ou não.

Por outro lado, a cooperação internacional pode envolver particularidades em relação à cooperação entre indivíduos ou organizações situados dentro de um mesmo país. Uma das razões fundamentais para isso é o fato de as relações no âmbito internacional acontecerem em um contexto marcado pela ausência de um governo central, o que pode se configurar como desincentivo a comportamentos cooperativos. Isso porque, nas relações internacionais, não há instâncias universais imbuídas de autoridade para garantir que os acordos sejam implementados. Esse ambiente anárquico, contudo, não leva necessariamente ao conflito, tendo em vista que relações marcadas pela interdependência podem tornar a cooperação o caminho mais racional para que os Estados realizem seus objetivos.

É bastante comum a visão de que cooperação e conflito são dinâmicas antagônicas, e de que a cooperação é algo bom e o conflito, algo ruim. No entanto, ausência de cooperação pode simplesmente denotar ausência de interações, e não presença de conflito, ao passo que a presença do último pode ser relevante para a evolução das relações sociais, como reconheceram os economistas clássicos e o próprio Marx.

Contudo, em um contexto marcado pela revelação dos impactos sociais e ambientais do modo de produção capitalista e, particularmente, pelas grandes guerras mundiais, a dicotomia entre cooperação e conflito se fortaleceu nos estudos sobre o tema. Ela foi consagrada pela teoria dominante sobre a cooperação, a qual também influenciou os estudos de cooperação internacional: a teoria dos jogos. Mesmo para essa teoria, no entanto, a cooperação não é um bem absoluto, tendo em vista que se reconhece a irracionalidade de seguir cooperando com uma contraparte que não coopera e, que a cooperação entre determinadas unidades pode ocorrer em detrimento dos interesses das unidades excluídas dessa interação.

Introdução

Tomando as discussões anteriores como ponto de partida, este manual pretende introduzir o leitor às principais dinâmicas e aos debates relacionados à cooperação internacional em âmbito estatal e não estatal. Para abordar o âmbito estatal, serão consideradas as trajetórias da cooperação em três vertentes: Norte-Norte, Sul-Sul e Norte-Sul. No âmbito não estatal, serão mencionados os papéis das organizações da sociedade civil, dos governos subnacionais e das universidades. Por fim, para melhor ilustrar a interação entre dinâmicas estatais e não estatais, serão apresentados breves ensaios sobre quatro casos: o da cooperação nuclear, o da cooperação alimentar, o da cooperação ambiental e o da cooperação em saúde.

É importante mencionar que este livro, embora dialogue com conceitos ou elaborações relacionados a Organizações Internacionais, História das Relações Internacionais, Teoria das Relações Internacionais, Análise de Política Externa e Economia Política Internacional, não se debruça extensivamente sobre esses campos, já cobertos por volumes anteriores da Coleção RI (Relações Internacionais) da Editora Contexto.

Nesse sentido, a ideia não é esgotar as discussões de campos correlatos, mas abordar determinados temas com os quais dialogam a título de esclarecimento ou ilustração. Em especial, alerta-se para o fato de as seções de desenrolarem, em grande medida, em formato cronológico, o que não significa que se pretenda cobrir todos os eventos e atores relevantes. Por fim, é importante mencionar que este manual confere atenção diferenciada à inserção dos países em desenvolvimento nas relações cooperativas internacionais, com ênfase no caso do Brasil, local onde a autora vive e a partir do qual acumulou experiência acadêmica e prática no campo da cooperação.

Os principais debates teóricos e as suas limitações

As ideias realistas mais conhecidas acerca da cooperação são aquelas que afirmam que esse fenômeno, nas relações internacionais, tem caráter de excepcionalidade. Os Estados cooperam, ou devem cooperar, apenas para fazer frente a ameaças comuns. Uma vez que esse objetivo tenha sido atingido, a aliança de desfaz, e o amigo de hoje pode se tornar o inimigo de amanhã – o que pode demandar novos arranjos cooperativos, porém, igualmente provisórios.

Arranjos cooperativos mais duradouros não são bem-vistos pelos realistas, em função do entendimento de que colocariam em risco a segurança dos Estados. Dessa forma, ainda que por razões diferentes, a Escola Realista pode ser enquadrada em um grupo de perspectivas mais pessimistas e críticas em relação a fenômenos cooperativos de modo geral, o qual inclui também aquelas inspiradas pelos trabalhos de Marx e Freud.

Embora chamadas de "realistas", supostamente refletindo o mundo como é, tais elaborações teriam caráter normativo, na medida em que sinalizariam os comportamentos adequados para que cada Estado pudesse preservar a sua independência e a segurança de sua população. Ou seja, as premissas realistas não são apenas científicas propriamente, no sentido de buscar descrever uma realidade, mas também normativas, embora apontem o contrário do que seria o senso comum: que a cooperação

Cooperação internacional

pode figurar como ato irracional, pois, não havendo um governo mundial nos moldes dos governos nacionais, não seria possível garantir que o não cumprimento de compromissos fosse punido. Daí a necessidade de que os Estados sempre estejam preparados para o conflito. Nesse contexto, e levando em conta que a responsabilidade primordial dos governantes é em relação aos cidadãos localizados dentro das suas fronteiras, comportamentos não cooperativos não são considerados tão imorais quanto no caso das relações entre indivíduos.

Já a perspectiva liberal, ao identificar a continuidade de arranjos cooperativos, irá buscar outras fontes para explicar algo não previsto pela teoria realista: a durabilidade desses arranjos cooperativos. Na perspectiva liberal clássica, essa durabilidade estaria relacionada à expansão da democracia e da economia de mercado pelo mundo. Uma vez que os governos respondessem à opinião pública, às demandas sociais e ao interesse do empresariado de ampliar suas operações globais, a decisão de cooperar seria mais adequada. Note-se que essa compreensão se assenta no reconhecimento de que existem outros atores relevantes nas relações internacionais, para além dos atores estatais tradicionalmente abordados pela perspectiva realista.

Conforme será demonstrado na seção "A evolução do debate entre realistas e liberais", a popularidade de uma ou de outra escola variou ao longo dos anos, a depender do contexto histórico que caracterizava a inserção internacional dos países de origem dos teóricos. No entanto, apesar das diversas clivagens, essas duas perspectivas acabaram se aproximando com a reformulação da teoria liberal nos anos 1980. Esta passou a demonstrar concordância com postulações realistas acerca da natureza anárquica do sistema internacional e do entendimento dos Estados como os atores principais, ainda que discordando que a consequência disso fosse, necessariamente, o conflito.

Com isso, deixou-se de considerar mais, a fundo, a influência de fatores domésticos sobre a cooperação, lacuna que foi preenchida por estudos subsequentes, cujas proposições serão apresentadas, sucintamente, na seção "Variáveis domésticas". Porém, esses estudos basearam-se, em grande medida, em evidências sobre as relações entre um grupo restrito de países, o que também havia ocorrido com as formulações sobre a cooperação que os antecedeu – ao se concentrarem nas relações entre as grandes potências, no caso dos realistas, ou entre os países industrializados, no caso das perspectivas liberais. Dessa forma, a seção "O lugar dos países em desenvolvimento" buscará aprofundar reflexões específicas sobre a cooperação internacional envolvendo países em desenvolvimento.

A EVOLUÇÃO DO DEBATE ENTRE REALISTAS E LIBERAIS

Como é amplamente conhecido, o próprio surgimento das Relações Internacionais como disciplina, no período entre as duas guerras mundiais, teve como pano de fundo a tentativa de gerar conhecimentos que pudessem ajudar a prevenir a ocorrência de novas guerras. Já que as explicações sobre a origem das guerras divergiam entre analistas e teóricos, seria difícil que concordassem sobre como solucioná-las e, mais precisamente, sobre qual seria o papel da cooperação.

No chamado "primeiro grande debate das Relações Internacionais", havia os liberais, que acreditavam que a origem do conflito nas relações internacionais estava na ação de Estados ditatoriais. Nestes não ecoariam as demandas da população pela paz e pela prosperidade, de modo que seus líderes agiriam livremente em função de não haver um governo mundial capaz de restringir as empreitadas expansionistas. Assim, o caminho para fomentar a paz seria promover a democracia, pois, dessa forma, os governantes levariam em conta as preferências de seus cidadãos. Também deveriam ser criadas instituições internacionais que limitassem a liberdade dos Estados quando esta conduzisse a guerras e a outros tipos de conflito.

A emergência da Segunda Guerra Mundial abriu espaço para uma série de críticas às premissas liberais. Para os pensadores realistas, seja em função da natureza humana, seja em virtude da natureza anárquica do sistema internacional, não seria possível banir os conflitos das relações internacionais. Porém, seria possível circunscrevê-los, desde que os governantes

Cooperação internacional

estivessem atentos a movimentações internacionais de caráter ofensivo e atuassem, oportunamente, para contê-las, mesmo que essa atuação não fosse bem-vista, no curto prazo, por seus cidadãos. Com efeito, essa teria sido a falha dos governantes do período entreguerras de acordo com os realistas: em grande medida, em razão do rechaço público a qualquer possibilidade de nova guerra, deixaram de sinalizar às potências revisionistas, especialmente à Alemanha, já em suas primeiras empreitadas expansionistas, que esse comportamento não seria aceito.

As críticas realistas colocaram em xeque, temporariamente, as premissas liberais. Acusados de "idealistas", os liberais passaram a se concentrar na busca de evidências empíricas que demonstrassem que a cooperação entre os Estados não era apenas desejável, mas também possível. Ao mesmo tempo, o avanço da integração europeia abriu caminho para tentativas de refinamento da teoria liberal, principalmente na roupagem do chamado "funcionalismo".

Mantendo-se fiéis à ideia de que a causa dos conflitos estava em escolhas realizadas por agentes estatais, os funcionalistas buscaram demonstrar que a cooperação poderia avançar a partir de demandas da sociedade, resultantes de suas ligações com outros países. Um dos exemplos clássicos foi o tratado que resultou na criação, em 1874, da União Postal Universal, organização voltada para promover alinhamento entre as políticas postais. Essa coordenação política interessava aos diversos setores que dependiam do adequado funcionamento dos serviços postais nos vários países com os quais interagiam.

Se os arranjos cooperativos desenhados pelos governos para atender a demandas sociais fossem eficazes, não apenas não retrocederiam, mas também abririam espaço para a negociação de arranjos semelhantes em outras esferas. Ou seja, em resposta às demandas sociais, pouco a pouco, os Estados acabariam criando mecanismos que promoveriam a interdependência e limitariam suas próprias escolhas, circunscrevendo, ao fim, a própria liberdade de declarar guerra contra países cuja cooperação era necessária para atender a demandas de sua própria população.

No caso da integração da Europa, apontou-se o papel da Comunidade Europeia do Carvão e do Aço (Ceca) e da Comunidade Europeia da Energia

Os principais debates teóricos e as suas limitações

Atômica (Euratom), lançadas nos anos 1950, como mecanismos de integração funcional. Ao mesmo tempo que atenderiam a demandas industriais pelo livre acesso a tais insumos, mecanismos como esses contribuiriam para impedir novos conflitos no continente.

No entanto, as elaborações funcionalistas sobre a cooperação se viram abaladas por diversos eventos, sendo o mais visível a chamada "crise da cadeira vazia". Em 1965, o então presidente da França, o general Charles de Gaulle, ausentou-se das reuniões do Conselho Europeu para impedir o avanço de propostas de reforma destinadas a conferir maior autonomia ao processo decisório da Comunidade Europeia, sem que fosse necessária a concordância de todos os seus Estados-membros.

Em resposta, a teoria funcionalista passou por revisão para melhor compreender o papel de entidades governamentais e não governamentais, com incidência sobre o processo decisório, em construir laços de cooperação que pudessem se sustentar, mesmo durante períodos em que altos dirigentes incorporassem posturas anticooperativas. Um exemplo de tal revisão foi a abordagem das comunidades epistêmicas, que aponta o papel de cientistas e técnicos, inclusive aqueles empregados por ministérios funcionais, em informar os tomadores de decisão sobre a natureza dos problemas enfrentados, aconselhando-os sobre a importância da cooperação – ver seção "Variáveis domésticas".

Apesar da emergência das abordagens funcionalista e neofuncionalista, em geral, principalmente nas primeiras décadas da Guerra Fria, houve preponderância do pensamento realista, que toma o conflito como elemento perene da política internacional. Na segunda metade dos anos 1960 e nos anos 1970, no entanto, o cenário mudou, favorecendo certa onda de popularidade das perspectivas liberais.

No âmbito militar, o período foi marcado pela *détente*, quando as tensões entre Estados Unidos e União Soviética arrefeceram, abrindo caminho para a cooperação entre ambos, inclusive em âmbito econômico e tecnológico. Ainda, foram conduzidas negociações que levaram ao compromisso mútuo de limitação de seus arsenais de mísseis nucleares por meio da assinatura do Salt-1 (sigla em inglês para Tratados para Redução de Armas Estratégicas) e do Acordo sobre Defesa Antimíssil.

No âmbito econômico, o período da *détente* coincidiu, por um lado, com o avanço das cadeias produtivas globais, construídas a partir da atuação de empresas multinacionais que fragmentavam suas etapas de produção em diversos países, passando a demandar acordos internacionais que conferissem maior previsibilidade às suas atividades. Por outro, é importante mencionar os choques do petróleo, que demonstraram que países que não figuravam como potências militares poderiam, ainda assim, exercer poder nas relações internacionais (ver seção "Sul-Sul" do próximo capítulo).

Fatores como esses indicaram a importância crescente da agenda econômica nas relações internacionais. Ou seja, diferentemente do que previam os realistas, nem sempre a agenda de segurança estaria acima das demais agendas. Em um mundo marcado pela interdependência econômica, o poder não se restringiria a capacidades militares, além de variar dependendo das negociações em curso, abrindo espaço para a cooperação internacional.

A popularidade da abordagem liberal, contudo, durou pouco. Em 1979, com a invasão soviética do Afeganistão, teve início a chamada "Segunda Guerra Fria". Do lado americano, sob a presidência do republicano Ronald Reagan, passou a predominar a percepção de que os estadunidenses não teriam sido duros o suficiente e que deveriam envidar todos os esforços necessários para minar o poder soviético.

Naquele mesmo ano, Kenneth Waltz publicava o livro intitulado *Theory of International Politics*, que marcou a emergência do realismo estrutural. Diferentemente do realismo clássico, tomava-se apenas o contexto anárquico como causa do comportamento não cooperativo em âmbito internacional, e não mais a natureza humana – a qual, em sintonia com a consolidação do behaviorismo nas ciências sociais, não seria passível de demonstração empírica. Ou seja, o que condicionaria o comportamento dos atores seria a estrutura política na qual estavam inseridos.

Em ambientes marcados pela hierarquia, dentro dos países, predominariam comportamentos cooperativos de longo prazo, baseados na especialização e na certeza de que, caso uma das partes adotasse posturas não cooperativas, deixando de cumprir os compromissos assumidos, seria punida. As relações internacionais, porém, aconteceriam em ambiente anárquico, levando as unidades – os Estados – a adotar comportamento similar, no sentido de valorizar sua própria segurança, acima de outros propósitos, e de buscar a autarquia, dependendo o mínimo possível de outros Estados.

Assim, predominaria um sistema de *self-help*, marcado pela vigilância constante das movimentações de outros Estados. Se os recursos de determinado Estado, em algum momento, não forem suficientes para fazer frente a uma ameaça externa, buscaria alianças temporárias com outros Estados, as quais seriam dissolvidas quando que o objetivo de contrabalançar um inimigo comum fosse atingido.

O caráter temporário desse equilíbrio seria condicionado por uma razão de cunho instrumental, baseada em cálculos de custo-benefício, e não sociológica. Ou seja, o realismo estrutural desconsidera percepções de identidade ou de amizade perenes que possam eventualmente, por exemplo, fazer com que um Estado tome as preferências de "amigos" como as suas próprias. Ou melhor, embora reconheçam que esse tipo de comportamento possa acontecer, os realistas alertam para o risco de impactar negativamente a capacidade dos Estados de garantir a sua própria sobrevivência.

Como era de se esperar, o fim da Guerra Fria abriu caminho para a emergência da perspectiva liberal no estudo das Relações Internacionais, a qual calibrou algumas de suas premissas iniciais na tentativa de convidar os realistas a um diálogo entre pares, sem taxações. Um dos pontos que diferenciaram a reformulação da teoria liberal de vertentes que a antecederam foi o argumento reiterado de que suas asserções não se fundavam no idealismo. A cooperação, que não deve ser confundida com harmonia, seria necessária para atender aos próprios interesses dos Estados em suas relações em um contexto anárquico.

Assim, a retórica do chamado "neoliberalismo", ou "liberalismo institucional", partiu das mesmas premissas dos colegas realistas, tomando o contexto anárquico como condicionante do comportamento dos Estados. Ainda, estes passaram a ser reconhecidos como os atores centrais das relações internacionais, cujo comportamento seria, assim como diziam os realistas, marcado pelo egoísmo e pela racionalidade.

Discordava-se, no entanto, de que o resultado seria necessariamente o conflito. Em um contexto marcado pela interdependência, em que o que acontece em determinado país depende de decisões tomadas no exterior, os governos seriam racionalmente capazes de convergir acerca da necessidade

Cooperação internacional

de alinhar suas políticas. Esse alinhamento não seria automático, mas fundamentado no aprendizado.

Não à toa, a metáfora mais difundida para amparar as elaborações do neoliberalismo sobre a cooperação internacional é o chamado "dilema do prisioneiro". Nesse dilema, cada Estado, em um ambiente marcado pela incerteza, mas ao mesmo tempo pela interação estratégica, tenderia, no curto prazo, a tomar decisões apenas levando em consideração suas próprias escolhas e seus próprios ganhos. Entretanto, se todos agissem dessa forma ficariam em situação pior, como teria acontecido na tentativa de lidar com a crise econômica do período entreguerras. Para amenizar seus impactos, cada país optou por proteger sua economia, de modo que, no momento subsequente, as exportações de todos se viram comprometidas.

Em seguida, a teoria neoliberal pondera que a realidade seria diferente da situação hipotética do dilema do prisioneiro por diversas razões. Em primeiro lugar, a comunicação entre os jogadores é possível, sendo atribuído, às organizações internacionais, papel essencial em prover informações sobre as intenções das partes, em criar ambientes de diálogo entre elas e em monitorar o cumprimento dos compromissos assumidos. Embora tais organismos possam ter sido criados a partir do interesse de um país hegemônico, sua continuidade, mesmo em circunstâncias marcadas pelo desinteresse daquele país, seria evidência dos benefícios gerais advindos do ambiente cooperativo que proporcionariam.

Em segundo lugar, diversas negociações acontecem simultaneamente e ao longo do tempo, o que significa que, por mais que um país tenha a tentação de trapacear ou de impor seu poder em determinada negociação, deixaria de fazê-lo com base na expectativa de reciprocidade de outros jogadores em negociações futuras. Se existisse a certeza de que uma negociação seria a última, a propensão à não cooperação imperaria. Porém, em um mundo marcado pela interdependência e pela multiplicação de problemas, cuja resolução depende da ação coletiva, a chamada "sombra do futuro" seria fator indutor de comportamentos cooperativos.

A resposta neorrealista à reformulação da teoria liberal se baseou, fundamentalmente, em um argumento: o de que os Estados não buscam apenas ganhos absolutos, mas também relativos. Nesse sentido, a falha do neoliberalismo teria sido considerar somente o cálculo de ganhos individuais pelos Estados, apoiando-se na ideia de que a cooperação seria possível desde que trouxesse ganhos para cada parte envolvida, melhorando sua situação em comparação com a sua própria situação anterior.

Para os realistas, no entanto, os Estados são atores posicionais, observando também os ganhos obtidos por outros Estados com a cooperação. Ainda que houvesse garantia de cumprimento dos compromissos assumidos em determinada negociação, a incerteza sobre os movimentos futuros dos atuais parceiros levaria ao temor de que os ganhos obtidos por eles pudessem ser convertidos em diferenciais de poder, oportunamente usados contra os próprios Estados com os quais se cooperou.

A resposta neoliberal foi enfatizar que suas proposições sobre cooperação seriam válidas para as relações entre países industrializados, entre os quais haveria menor incidência de disputas militares, maior interdependência econômica e interesses comuns, incluindo políticas similares de gestão da economia de mercado. Já a posição neorrealista foi de que, ainda que o temor de que diferenças de ganhos dos parceiros pudesse ser menor em interações entre aliados mais frequentes e/ou envolvendo negociações econômicas, ele sempre estaria presente, levando os Estados a adotar posturas anticooperativas, a não ser que a distribuição dos ganhos da cooperação não alterasse o equilíbrio de poder vigente.

VARIÁVEIS DOMÉSTICAS

A crítica aos debates entre liberais e realistas é bastante antiga, sendo uma das mais tradicionais aquela oriunda da chamada "Escola Inglesa". Autores pertencentes a essa escola insistiram que as relações internacionais seriam pautadas tanto por dinâmicas realistas, ligadas à busca pelo equilíbrio de poder, quanto por dinâmicas liberais, embasadas na existência de uma sociedade internacional e em valores compartilhados entre os Estados.

No entanto, foi o debate entre neorrealistas e neoliberais, com os últimos partindo de pressupostos semelhantes aos sustentados pelos primeiros,

Cooperação internacional

que preparou o terreno para o refinamento e para a popularidade de abordagens sobre a cooperação que sublinhavam a incidência de fatores domésticos sobre decisões de política externa.

Como foi visto na seção "A evolução do debate entre realistas e liberais", a última onda de debates entre estes acabou focando os condicionantes e os empecilhos à cooperação, levando em conta variáveis estruturais. Isso porque tomaram, como atores centrais das relações internacionais, os Estados, cujo comportamento seria condicionado pelo contexto anárquico. Nesse debate, acabou ficando obliterada a influência de dinâmicas domésticas – relacionadas a como as decisões são tomadas dentro de um Estado até que se formem suas preferências em torno da cooperação ou da não cooperação – e transnacionais – associadas aos alinhamentos entre atores não estatais através das fronteiras.

É importante lembrar que as abordagens liberais mais antigas levavam em consideração os fatores domésticos, apostando, principalmente, no papel dos regimes democráticos para a promoção da cooperação internacional. Já as articulações transnacionais foram objeto central, por exemplo, da abordagem das comunidades epistêmicas, uma das vertentes do neofuncionalismo. Segundo ela, a diversidade de temáticas relevantes para as relações entre Estados deixou clara a limitação do conhecimento dos corpos diplomáticos para lidar com elas, abrindo espaço para a influência de cientistas e técnicos sobre o processo decisório.

Já que indivíduos ou organizações especializadas em determinado tema, como aquele relacionado à preservação ambiental, tenderiam a sustentar formulações similares acerca da sua natureza, independentemente da sua origem, ao fornecerem conhecimentos similares aos respectivos tomadores de decisão promoveriam alinhamento entre as políticas nacionais. Ao fazê-lo, acabariam lançando as bases para que se formassem entendimentos comuns entre os Estados, fomentando, consequentemente, a cooperação internacional.

Foi o último debate entre realistas e liberais, porém, que catalisou pesquisas mais aprofundadas acerca das interações entre diversos atores e dinâmicas nas negociações internacionais, podendo ou não favorecer a cooperação. Uma questão básica que foi colocada dizia respeito à implementação dos acordos internacionais. Ora, se um arranjo cooperativo é demandado por setores internos ou externos, seja ele negociado, seja imposto, não basta que os governos concordem com tal arranjo. Ele precisa ser colocado em prática, e para isso não basta transformá-lo em diretriz interna, na forma de lei, sendo também necessária a sua implementação.

Em última instância, um acordo pode ser imposto, mas, em nome do desejo de se manter no poder, os governantes seriam cautelosos ao calcular o custo que a implementação de um arranjo cooperativo teria sobre a população e/ou sobre os diversos setores que compõem sua base de apoio. Caso o governante entenda que determinado acordo é realmente importante para seu país, pode tentar mobilizar a pressão dos negociadores de outros países para fortalecer a base de apoio interna que é a favor do acordo.

Se o governante considerar esse movimento arriscado, ameaçando a continuidade ou a renovação de seu mandato, o acordo pode ser paralisado ou revisto. Esse movimento pode, contudo, acabar gerando um custo reputacional para governantes ou países que não conseguem implementar os acordos que negociaram, afetando sua credibilidade externa em negociações futuras.

Outro tema bastante frequente nos estudos sobre a cooperação, que incluem a análise de fatores domésticos, diz respeito à influência dos regimes políticos sobre a propensão ou sobre a não propensão à cooperação. Suas proposições, por vezes, caminharam no sentido oposto do que previam as vertentes liberais tradicionais das Relações Internacionais. A cooperação poderia, na verdade, acabar sendo mais frequente ao envolver governos ditatoriais. Os regimes democráticos, por seu turno, poderiam ser menos favoráveis à cooperação, na medida em que suas possibilidades de realizar concessões externas tenderiam a se reduzir no processo de incorporação das diversas preferências dos setores domésticos, governamentais ou não governamentais.

A baixa capacidade de realizar concessões pode implicar retrocessos nas negociações internacionais, principalmente se a contraparte sustentar, da mesma forma, possibilidades reduzidas de conceder, limitando ou, simplesmente, suprimindo o rol de escolhas que agradaria a todos. Do contrário, caso a cooperação seja muito relevante para a contraparte, ou caso ela

Cooperação internacional

esteja sujeita a menos influência das preferências internas, a parte que tem menos possibilidade de fazer concessões acaba exercendo mais poder na negociação, influenciando o desenho de acordos de cooperação a seu favor.

Uma das qualificações necessárias ao argumento seria que um governo pode ser formalmente democrático, mas estar sujeito à influência de determinados setores em detrimento de outros, ou, ainda, ser caracterizado por trajetória de insulamento em relação às demandas da sua sociedade. Nesse sentido, é importante observar as trajetórias de desenvolvimento e de construção do Estado em países como aqueles situados na América Latina.

Aqui, a busca pela industrialização, diante de competidores internacionais já consolidados, e o estabelecimento de instituições burocráticas, sem o amadurecimento prévio de instituições de representação, teriam alimentado a construção de Estados fortes e menos porosos às demandas sociais. Portanto, essas demandas não seriam necessariamente consideradas nas negociações internacionais, o que pode levar os tomadores de decisão a concordar com acordos que tragam mais benefícios a uma contraparte que sustenta um conjunto de vitórias mais restrito por incorporar as demandas sociais, entre outros fatores.

No caso asiático, deve-se considerar um fator adicional, relacionado à predominância de culturas coletivistas. Assim, mesmo em contextos não democráticos, é possível prezar pela construção de consensos em diversos níveis, o que pode levar à incorporação de demandas domésticas e à restrição do conjunto de vitórias – ou seja, do conjunto de opções que seriam aceitas para concluir a negociação de determinado acordo de cooperação. Além disso, por esse mesmo motivo, em função de incidência da cultura coletivista sobre as negociações, aquelas conduzidas com países asiáticos podem ser mais demoradas, mas, uma vez que se chegue a um acordo, ele estaria menos sujeito a revisões resultantes de flutuações no cenário político interno.

Outro elemento que deve ser destacado no caso da incidência das relações Estado-sociedade sobre a cooperação diz respeito à necessidade de buscar recursos, para implementar políticas de apoio à competitividade, em outros países, quando resistências sociais domésticas impedem que eles sejam extraídos internamente. Um exemplo de resistência interna diz respeito ao tempo de trabalho que a população de certo país estaria disposta a ceder para implementar determinado acordo de cooperação. Se novos empregos forem criados pelo acordo, desde que absorvam tempo menor de trabalho (como ocorre no caso de empregos criativos, que geram valor), a população e as organizações ou os setores que a representam podem ser favoráveis ao acordo.

Por um lado, em casos em que os negociadores envolvidos representam Estados cujo processo decisório é marcado por maior incidência social, ganhos equilibrados podem advir da cooperação, desde que todos prevejam impactos positivos sobre o bem-estar de sua população de forma ampla e contanto que consigam minimizar a pressão de setores negativamente impactados, compensando suas perdas. Por outro lado, também pode ser atraente abrir frentes de negociação com países em que as pressões sociais internas não ecoem sobre o processo decisório de maneira significativa.

Nesse caso, como vimos, os governantes, justamente por não se verem sujeitos a resistências sociais internas, podem acabar concordando com iniciativas que possam melhorar sua posição – em termos de país, impactando o crescimento econômico; ou em termos de liderança, utilizando as negociações internacionais como estratégia de validação junto à sua população –, ainda que gerem benefícios menores, se comparados aos obtidos pelos parceiros, e altos custos sociais e/ou ambientais.

Por fim, além do regime político e das relações Estado-sociedade, outras variáveis precisam ser levadas em consideração, como o tamanho do país – sendo os pequenos mais dependentes de recursos provenientes de outros países e, portanto, mais propensos à cooperação –, ou o grau de interdependência econômica em relação à contraparte. Nesse caso, quanto maiores forem as conexões transnacionais entre dois ou mais países, maior será a chance de que seus governos promovam acordos para atender a demandas de setores cujo avanço depende de os Estados onde atuam adotarem determinada política. Além disso, quanto maiores as conexões, maior a chance de que se façam concessões em determinada negociação, a fim de obter a reciprocidade em negociações futuras.

A influência de fatores domésticos, já presentes nas abordagens liberais tradicionais, acabou sendo incorporada também por vertentes mais

Cooperação internacional

recentes do realismo, para explicar posturas mais ou menos cooperativas dos governos em determinadas circunstâncias. Em momentos de maior saliência das disputas internacionais, quando é preciso buscar aliados, a preocupação com ganhos relativos nas negociações com os últimos poderia ser menor. Ou seja, seria possível que fossem realizadas mais concessões, inclusive em detrimento dos próprios interesses econômicos, a fim de fortalecer o posicionamento de um aliado e de conter a influência do oponente. Já em momentos de menor saliência securitária, seria maior a incidência de preferências de setores econômicos domésticos na definição do posicionamento de determinado país, freando iniciativas cooperativas que pudessem ameaçar sua competitividade internacional.

O LUGAR DOS PAÍSES EM DESENVOLVIMENTO

Apesar da riqueza – e do refinamento – das abordagens sobre a cooperação internacional apresentadas na seção anterior, de modo geral, as evidências empíricas dos estudos mais populares ficaram concentradas nas relações entre países industrializados, assim como havia ocorrido no caso da teoria liberal. Esta, como vimos, em sua versão revisada, explicitamente reconheceu que suas proposições sobre a cooperação internacional eram baseadas nas relações entre países industrializados, marcadas pela interdependência e por interesses comuns – o que, contudo, não significa que não possam ser testadas em outros âmbitos, como nas relações Norte-Sul. No caso da teoria realista, o foco já havia se consolidado em torno do estudo da movimentação das grandes potências, entendendo-se que os demais países não poderiam ser considerados atores relevantes da política internacional. Assim, é necessário complementar algumas das discussões que foram iniciadas anteriormente, de modo a aprofundar o entendimento sobre o papel dos países em desenvolvimento na cooperação internacional.

Talvez a ponderação mais óbvia que se possa fazer no que tange à posição dos países em desenvolvimento nas relações internacionais, conforme foi colocado pela perspectiva do chamado "realismo periférico", venha do próprio questionamento do pressuposto de que o sistema internacional seria anárquico. Nas relações Norte-Sul, a hierarquia seria a regra, não a exceção. Isso porque os países em desenvolvimento estariam mais sujeitos a aceitar as preferências e a pressão das grandes potências. Estas obrigariam aqueles a cooperar quando fosse entendido que suas decisões, como aquelas destinadas ao aumento de suas capacidades militares, ameaçassem o equilíbrio de poder vigente.

Claro que alguns Estados do Sul poderiam, como o fizeram no passado e ainda o fazem em 2024, não aceitar tal pressão, desafiando o *status quo*, mas em geral sua situação de fragilidade econômica acabaria favorecendo que cooperassem com os países mais fortes, sob pena de sofrer retaliações. Essa preocupação seria premente no caso dos regimes democráticos, já que eventuais retaliações poderiam piorar a situação da população e, consequentemente, colocar em risco a continuidade do mandato dos governantes.

Outra frente de análise diz respeito ao que seria uma postura mais frequente, por parte de países menos favorecidos, de apoio ao multilateralismo e ao direito internacional. Seu fortalecimento contribuiria para alavancar as demandas do Sul, ao propiciar a formação de coalizões e ao frear os interesses das grandes potências. Ao mesmo tempo, por um lado, a proliferação de arranjos de cooperação em diversos temas pode se configurar como estratégia, por parte dos países que desejam conservar seu poder, de fragmentação dos esforços dos países menos desenvolvidos em diversas frentes, criando empecilhos para que consigam acompanhar todas as negociações e a fim de que se concentrem naquelas que seriam realmente prioritárias para melhorar seu posicionamento internacional.

Por outro lado, o próprio significado do poder nas negociações internacionais está ligado à capacidade de estabelecer e de implementar determinadas agendas, por meio de iniciativas cooperativas, deixando de considerar agendas que possam afetar a distribuição de poder. Nesse sentido, é importante compreender não apenas o avanço da cooperação em determinadas áreas, mas também por que não há cooperação em outras.

De modo geral, vertentes de inspiração marxista compreendem a cooperação e a não cooperação com base nas preferências das classes

Cooperação internacional

capitalistas. No entanto, essas classes não operariam da mesma forma nos diversos países. Estruturas hegemônicas estabelecidas a partir da liderança de potências liberais tenderiam a promover arranjos cooperativos voltados para viabilizar a liberdade econômica em âmbito internacional. Com isso, conseguiriam fomentar sua liderança, ao exportar produtos de maior valor agregado, e manter possíveis competidores em situação subalterna, exportando produtos primários sujeitos à maior flutuação internacional de preços.

No passado, países que questionaram esse modelo, por meio da proteção da indústria nascente, emergiram como importantes *players* em momentos subsequentes, sendo os casos mais conhecidos os da Alemanha e dos Estados Unidos. Entretanto, não haveria espaço para que todos os países ocupassem posições de liderança, pois desenvolvimento e subdesenvolvimento seriam dinâmicas complementares e que se retroalimentaram historicamente.

Ao entenderem que o desenvolvimento de alguns países teria sido possível graças ao subdesenvolvimento de outros, abordagens inspiradas na teoria da dependência discordaram da teoria da modernização, para a qual haveria espaço para todos se desenvolverem, desde que adotassem determinados receituários (sendo a cooperação um dos mecanismos para sua difusão). Em vista da dinâmica de retroalimentação entre desenvolvimento e subdesenvolvimento, a teoria do sistema-mundo decidiu abandonar a ideia de dependência, entendendo que o termo "interdependência" seria mais adequado.

Na hierarquia global, os países com maior poder econômico e político seriam aqueles que conseguiriam conservar sua posição de liderança a partir da atração de funções centrais da economia capitalista. Isso significa o seguinte: não é que os países periféricos não seriam capazes de realizar avanços científico-tecnológicos, mas não poderiam sustentá-los, porque os avanços mais relevantes tenderiam a ser absorvidos pelas economias centrais – seja, por exemplo, por meio da compra de empresas inovadoras, seja pela fuga de talentos. Diante desse cenário, como era de se esperar, os teóricos do sistema-mundo desenvolveram postura bastante crítica em relação à cooperação internacional.

Em última instância, para eles, as instituições internacionais configurar-se-iam como mecanismos de congelamento do poder. Arranjos cooperativos no âmbito Norte-Sul, apesar de poderem assumir a roupagem da chamada "cooperação para o desenvolvimento internacional", pautada na retórica de que seu objetivo seria promover o desenvolvimento dos menos favorecidos, seriam, ao contrário, mecanismos para manter a condição periférica dos últimos. Isso aconteceria, por exemplo, na medida em que tais arranjos difundiriam modelos liberais de gestão econômica e as chamadas práticas de "ajuda ligada", condicionando-a à contratação de técnicos ou à compra de bens e serviços do país doador, ou focariam agendas que não promoveriam o desenvolvimento autônomo dos países do Sul.

A competição econômica também estaria presente nas relações entre países semiperiféricos e periféricos, com os primeiros se utilizando de arranjos cooperativos que pudessem contribuir para abrir mercados para produtos de maior valor agregado, os quais teriam mais dificuldade de alcançar os países do centro. Ao mesmo tempo, arranjos cooperativos entre países em desenvolvimento, em suas diversas geometrias – bilaterais, regionais ou plurilaterais –, poderiam ser construídos em vista da percepção de que os arranjos multilaterais vigentes não contemplariam seus interesses.

Interpretações de inspiração marxista, porém, não são as únicas que se propõem a explicar a cooperação para o desenvolvimento. Como era de se esperar, abordagens inspiradas pela teoria realista tendem a enfatizar os ganhos securitários do país doador ao oferecer ajuda para países em desenvolvimento, garantindo aliados em disputas com outras potências. Abordagens liberais, por seu turno, tendem a enfatizar dinâmicas de interdependência Norte-Sul que alimentariam a necessidade de lidar com o problema do subdesenvolvimento, em vista de suas consequências sobre os países desenvolvidos em agendas securitárias, migratórias ou ambientais, por exemplo.

Uma das proposições da teoria liberal é que, se ambas as partes considerarem que a cooperação lhes trouxe, individualmente, ganhos absolutos, a cooperação tenderia a se sustentar. Do contrário, seguir cooperando, mesmo na ausência de ganhos, seria irracional. Isso significa que, para os

Cooperação internacional

liberais, a cooperação não é um bem absoluto. Já a teoria realista insistiu que, se a distribuição de ganhos afetasse o equilíbrio de poder, os Estados tenderiam a não cooperar. Em ambos os casos, pressupõe-se que os cooperantes conseguem avaliar ganhos e perdas, o que não necessariamente converge com a realidade de diversos países em desenvolvimento.

Isso porque a aptidão para avaliar perdas e ganhos depende da existência de rotinas burocráticas consolidadas e de sociedades diferenciadas, com ampla presença internacional e com capacidade de incidir sobre as preferências dos negociadores, seja favorecendo, seja impedindo a cooperação. Assim, por mais que se possa perguntar se as diversas elaborações acerca da cooperação Norte-Sul não poderiam se aplicar, de maneira geral, à relação entre as grandes potências e os países mais fracos, o nível de desenvolvimento pode ser um fator importante para compreender a menor capacidade de enfrentamento de pressões sofridas, bem como a capacidade de avaliação de perdas e ganhos da cooperação.

A implicação disso é que iniciativas de cooperação com países do Sul podem se sustentar ao longo do tempo, mesmo que não gerem benefícios no longo prazo para ambas as partes, ou ainda que a disparidade na distribuição dos benefícios seja tão grande que acabe impedindo a melhoria da posição relativa dos países menos desenvolvidos no sistema internacional. Essas disparidades acabam sendo percebidas por governantes dos países em desenvolvimento.

Com efeito, o comportamento conflitivo de diversos líderes do Sul ao longo das últimas décadas, em negociações com o Norte, é amplamente conhecido. Embora alguns estudos tenham apontado que tal comportamento resultaria da busca pela coesão interna – ou seja, diante da necessidade de mitigar contradições econômicas e sociais internas, os líderes dos países em desenvolvimento tenderiam a nomear inimigos externos –, está claro que isso não algo específico dos países em desenvolvimento, sendo prática bastante comum, por exemplo, nos Estados Unidos e em governos conservadores europeus.

Talvez a questão maior seja que a percepção sobre ganhos e perdas da cooperação internacional pode estar sujeita a modificações mais frequentes nos países do Sul em virtude de suas fragilidades institucionais, impedindo

Os principais debates teóricos e as suas limitações

que se realizem avaliações de mais longo prazo sobre a cooperação com determinados países ou organizações. Além disso, esses países estariam mais sujeitos, em função da construção histórica de suas estruturas políticas, sociais e econômicas, à incidência de preferências externas, o que, obviamente, remonta ao período colonial.

As consequências históricas da inserção periférica ainda subsistem, não apenas em razão da sustentação de alianças internacionais com parte de seus setores domésticos, mas também devido a dimensões ideacionais ligadas à percepção da superioridade do Ocidente, que será abordada no capítulo seguinte. Nesse sentido, tanto a dimensão material quanto a dimensão ideacional da inserção periférica podem acabar gerando incentivos para que preferências externas, que encontram eco na própria configuração dos interesses domésticos dos países em desenvolvimento, incidam sobre as decisões de seus governantes relacionadas à cooperação internacional. A questão que fica é: em que medida o fomento à cooperação Sul-Sul poderia se configurar como alternativa viável para melhorar a inserção internacional dos países em desenvolvimento?

A construção histórica da cooperação internacional em três eixos

Por que a vacina contra a covid-19 produzida na China foi utilizada em países em desenvolvimento, por meio de incentivos à cooperação internacional, mas teve maior dificuldade para adentrar nos países desenvolvidos? Por que estes, em geral, posicionaram-se contra a guerra na Ucrânia, que teve início em fevereiro de 2022, ao passo que os primeiros ou mantêm posição de neutralidade ou apoiam abertamente a Rússia? Por que clivagens similares parecem se sustentar no caso do conflito entre Israel e Palestina, iniciado em 2023, com o apoio às causas deste território encontrando maior eco, historicamente, entre governos do Sul?

Acredita-se que o entendimento a respeito da evolução histórica da cooperação entre países desenvolvidos e aqueles em desenvolvimento pode ser fundamental para jogar luz sobre questões como essas. Nesse sentido, este capítulo busca apresentar, de forma sucinta, como a cooperação entre Estados foi construída historicamente em três eixos: Norte-Norte, ou cooperação entre países industrializados; Sul-Sul, ou cooperação entre países em desenvolvimento; e Norte-Sul, envolvendo os primeiros e os segundos.

Cooperação internacional

NORTE-NORTE

As relações entre os países industrializados possuem fortes raízes históricas, marcadas, por um lado, por grandes conflitos e, por outro, por tentativas de circunscrevê-los por meio da cooperação, a qual também seria cada vez mais necessária, em vista das intensas interações econômicas entre eles. A ideia da cooperação e do conflito como duas faces da mesma moeda, decorrente das abordagens liberais inspiradas no dilema do prisioneiro, em que o que move a cooperação seria a interdependência e, portanto, a sombra do conflito, talvez não encontre expressão empírica maior que aquela relacionada à trajetória das relações entre os países do Norte.

Um dos baluartes da cooperação entre os países desenvolvidos é, sem dúvida, a Organização para a Cooperação e o Desenvolvimento Econômico (OCDE). Oficialmente estabelecida em 1961, ela é herdeira da Organização para a Cooperação Econômica Europeia, criada em 1948 para receber os recursos norte-americanos do Plano Marshall para a reconstrução europeia. Ao longo das décadas, o escopo geográfico dos membros da OCDE se expandiu, incluindo alguns países em desenvolvimento.

Mesmo os que não fazem parte da organização podem atuar em alguns de seus comitês, desde que sejam convidados e tenham representatividade no seu setor de atuação. Este foi o caso do Brasil, que manteve contatos com o Comitê do Aço desde sua criação, em 1978, tendo aderido formalmente a ele em 1996. Além disso, o país foi o primeiro a se tornar parceiro-chave da OCDE, em 2007, no âmbito de esforços da organização de aproximação com economias emergentes, devido à sua crescente interdependência com as economias mais ricas do mundo. Em 2024, o Brasil é o não membro da OCDE que mais aderiu às suas regulamentações, além de estar na lista de países cujas candidaturas a membros plenos está em fase de avaliação.

Quadro 1 – Linha do tempo de adesão à OCDE e tópicos de atuação da organização.

Ano	Países (data de adesão)
1961	Canadá (10/4), EUA (12/4), Reino Unido (2/5), Dinamarca (30/5), Islândia (5/6), Noruega (4/7), Turquia (2/8), Espanha (3/8), Portugal (4/8), França (7/8), Irlanda (17/8), Bélgica (13/9), Alemanha (27/9), Grécia (27/9), Suécia (28/9), Suíça (28/9), Áustria (29/9), Países Baixos (13/11), Luxemburgo (7/12)
1962	Itália (29/3)
1964	Japão (28/4)
1969	Finlândia (28/1)
1971	Austrália (7/6)
1973	Nova Zelândia (29/5)
1994	México (18/5)
1995	Rep. Checa (21/12)
1996	Hungria (7/5), Polônia (22/11), Coreia do Sul (12/12)
2000	Eslováquia (14/12)
2010	Chile (7/5), Eslovênia (21/7), Israel (7/9), Estônia (9/12)
2016	Letônia (1º/7)
2018	Lituânia (5/7)
2020	Colômbia (28/4)
2021	Costa Rica (25/5)

TÓPICOS DE ATUAÇÃO DA OCDE

Agricultura e pesca	Emprego	Migração
Segurança química e biossegurança	Meio ambiente	Governança pública
Competição	Finanças	Desenvolvimento regional, rural e urbano
Governança corporativa	Crescimento verde e sustentabilidade	Reforma regulatória
Corrupção e integridade	Saúde	Ciência e tecnologia
Desenvolvimento	Indústria e empreendedorismo	Skills
Digital	Inovação	Questões sociais e de bem-estar
Economia	Seguro e pensões	Impostos
Educação	Investimento	Comércio

Fonte: Baseada em informações disponíveis em: <https://www.oecd.org>. Acesso em: 15 set. 2023.

Cooperação internacional

Atuando em diversos tópicos relacionados às políticas públicas, a OCDE é conhecida como um "tigre sem dentes", tendo em vista sua alta eficácia, ainda que boa parte de suas decisões tenha caráter recomendatório, sendo sua implementação supervisionada por mecanismos de *peer review* (revisão por pares). Tal eficácia resulta de intenso diálogo técnico entre os países em temas específicos, sendo a implementação dos acordos estabelecidos decorrente da ampla participação na produção de regulamentações, estabelecidas a partir de consensos.

Além disso, correlaciona-se a eficácia da OCDE ao fato de a organização não ter pretensão universalizante, trabalhando com um número reduzido de países que seriam mais homogêneos entre si do ponto de vista político e econômico, por se tratarem de democracias representativas e de economias de mercado. Mas como foi possível que os países desenvolvidos chegassem a tamanho grau de convergência?

Para entender as raízes da cooperação Norte-Norte, é necessário compreender as relações históricas entre os europeus e entre eles e outras regiões do mundo. A dimensão imperial das relações europeias, que remonta ao período antes de Cristo, alimentou e foi alimentada por uma pluralidade de interações, econômicas e militares, e por uma identidade comum. Isso não significa que não tenham acontecido conflitos, e dos grandes resultaram novos acordos e novas configurações identitárias.

Um dos exemplos bastante estudados nas Relações Internacionais foi a transição do período medieval para o sistema estatal moderno. Durante o período medieval, o caráter supranacional da autoridade da Igreja, em conjunção com laços dinásticos costurados pela hegemonia dos Habsburgo, proporcionou o estabelecimento de cultura comum entre as elites europeias, incluindo a língua e os valores. Essa estrutura foi abalada pelas reformas religiosas, pela difusão dos valores renascentistas e por tentativas mais ou menos eficazes, de diversos monarcas, de estabelecer um poder soberano sobre seus territórios a partir da segunda metade do século XV, buscando reduzir o poder de outros atores em âmbito interno e externo.

A transição abarcou um dos eventos mais letais da história da humanidade, a Guerra dos Trinta Anos, culminando com a assinatura da

Paz de Vestfália em 1648, cujas negociações excluíram representantes do papado, legitimando a igualdade formal entre os Estados soberanos e sua independência diante de intervenções externas. Isso não significa que novas ofensivas imperiais tenham deixado de ocorrer. No momento subsequente, elas foram lideradas pela França, sob Luís XIV, desafiando a hegemonia dos Habsburgo e buscando socializar, e atrair, governantes e a população europeia a partir de seus valores laicos, baseados em sua língua, cultura, civilização e modelos de gestão das políticas públicas. No entanto, uma nova coalizão foi formada, a partir da aliança anglo-holandesa, para garantir o equilíbrio de poder europeu e, consequentemente, a independência dos Estados.

Se, no caso anterior, podemos tomar o equilíbrio de poder a partir de uma dimensão sistêmica e automática, não se pode negar sua dimensão negociada, já que havia se tornado ferramenta legítima de atuação a partir da Paz de Vestfália. No século XVIII, a dimensão sociológica do equilíbrio de poder se fortaleceu com eventos específicos – como o Tratado de Utrecht, que marcou o fim da Guerra da Sucessão Espanhola, proibindo a união entre as Coroas francesa e espanhola – e processos mais difusos, proporcionados pelo avanço do Direito Internacional e pela profissionalização da diplomacia, garantindo maior previsibilidade nas relações entre os europeus.

Inaugurou-se, assim, um período marcado por resoluções coletivas, no âmbito de congressos e conferências de paz, e por revisões permanentes dos códigos de conduta, em que as guerras que aconteciam eram limitadas e calculadas, a partir da razão de Estado, com os contendores seguindo determinados padrões de conduta. Ou seja, apesar de o sistema europeu moderno ter se constituído como um sistema anárquico, isso não significa que não tenha sido pautado por valores comuns, limitando e alinhando o comportamento dos Estados relevantes para o equilíbrio de poder europeu. Fica claro, portanto, que cooperação e conflito se tornaram duas faces da mesma moeda, pois o último demonstrava o caráter de interdependência entre os europeus e a primeira buscava limitar os efeitos das escolhas de uns sobre os outros, garantindo um equilíbrio entre liberdade e estabilidade.

Cooperação internacional

Já na segunda década do século XIX, foi estabelecido o chamado "Concerto Europeu", a partir do Congresso de Viena, que marcou o fim da dominação napoleônica e o início de uma gestão conjunta das relações internacionais exercida por cinco países: Inglaterra, França, Áustria, Prússia e Rússia. O arranjo incluiu Estados cujos regimes políticos não eram homogêneos (com as duas primeiras adeptas do liberalismo e do constitucionalismo, e as três últimas, de monarquias absolutistas) e cujo poder não se equiparava – havendo entre elas duas grandes potências (a Inglaterra e a Rússia). Essa heterogeneidade não impediu a atuação coletiva dos cinco países por meio de intervenções em diversos âmbitos, incluindo a repressão a movimentos revolucionários que pudessem desencadear novas guerras e abalar o equilíbrio de poder europeu. Este foi afetado apenas décadas depois, com as unificações alemã e italiana, e a emergência de uma nova geração de estadistas que acabaram buscando mobilizar, e se apoiar, em movimentos nacionalistas e em um sistema de alianças secretas que desembocaria na Primeira Guerra Mundial.

A construção histórica da cooperação e da interdependência entre os europeus não pode ser explicada, contudo, apenas por dinâmicas securitárias, pois tinham como pano de fundo interações econômicas cada vez mais frequentes que atingiram seu ápice no século XIX, caracterizado pela alta mobilidade global dos fatores de produção e pela concentração do comércio mundial na Europa. Tais interações haviam sido possíveis graças a avanços científicos e tecnológicos que mudaram o equilíbrio de poder entre a Europa e o Oriente.

Nesse sentido, é importante lembrar que, até que os efeitos da Revolução Industrial se consolidassem, os europeus mantiveram déficits recorrentes no comércio com o Oriente e estiveram sujeitos a autorizações temporárias concedidas pelo Império Turco-Otomano, que no fim do século XVII ocupava um quarto do território europeu. Como é amplamente conhecido, as relações com as colônias na América eram diferentes, marcadas pela supremacia europeia, a qual acabou se consolidando posteriormente, ainda que em menor medida, em relação aos asiáticos.

O século XIX, já marcado pela consolidação da divisão internacional do trabalho sob a liderança europeia, que dominava as exportações de manufaturados e de capitais, também foi palco de disputas por territórios ultramarinos. Esses conflitos, mais uma vez, resultaram em arranjos cooperativos que proporcionaram, por exemplo, a divisão da China em esferas de influência e a ação conjunta para minar eventuais resistências, caso da reação ao Levante dos Boxers em 1899; ou a Conferência de Berlim (1884-1885) e acordos subsequentes que formalizaram a partilha da África.

De modo mais amplo, tinha-se como pano de fundo a hegemonia britânica, baseada nos princípios do livre-comércio e da livre navegação, que trariam maiores ganhos que a ocupação de territórios. O liberalismo e a divisão internacional do trabalho, defendidos pelos britânicos, assim como sua competitividade econômica, foram perdendo espaço nas últimas décadas do século XIX, em função do avanço industrial na Alemanha e nos Estados Unidos, países que haviam obtido saltos tecnológicos importantes graças à proteção de suas indústrias nascentes, e que passaram a disputar mercados e zonas de influência. Esse período também é descrito como parte da Primeira Grande Depressão, caracterizado pelo acirramento da competição em um ambiente deflacionário e por respostas protecionistas, que alimentaram o nacionalismo e o militarismo na Europa.

O ponto dessa breve digressão é demonstrar que as redes de interdependência construídas historicamente entre os países industrializados, em que os interesses de uns se esbarravam nos dos outros, resultaram em conflitos e em arranjos cooperativos para lidar com esses conflitos. Sabe-se que tais arranjos, contudo, não foram suficientes para impedir a emergência das duas guerras mundiais. Mais do que isso, toda a construção histórica europeia em torno do direito da guerra se viu ruir com os avanços tecnológicos militares e com a indistinção entre combatentes e não combatentes, sendo um de seus eventos mais dramáticos o uso de bombas atômicas contra a população de Hiroshima e de Nagasaki.

Após as guerras, uma nova hegemonia foi estabelecida, sob a liderança dos Estados Unidos. Esse país, em disputa com o bloco soviético, herdou e deu continuidade à difusão dos princípios liberais que haviam caracterizado períodos hegemônicos anteriores – sob a liderança

37

Cooperação internacional

britânica, no século XIX, e sob a holandesa, no século XVII –, cristalizando-os na estrutura de governança construída no pós-Segunda Guerra Mundial a partir das instituições de Bretton Woods e da Organização das Nações Unidas (ONU). Alemanha e Japão, que haviam desafiado a distribuição de poder no período anterior, foram trazidos para a rede de aliança ocidental. Ambos os países acataram os princípios liberais, que lhes beneficiaram após um intenso período de reconstrução, porque já tinham desenvolvido uma base industrial. Esta se viu ainda mais fortalecida por diversas iniciativas de cooperação econômica e tecnológica com os Estados Unidos, destinadas a mantê-los sob sua influência e a fazê-los recuar da busca da afirmação de seu poder por meio da demonstração ou do uso de capacidades militares.

A difusão global dos valores liberais não implica que eles tenham, de fato, progredido de forma similar em todas as agendas. Por um lado, nota-se avanço nos temas de interesse dos países desenvolvidos, como é o caso do regime construído em torno da proteção de propriedade intelectual. Por outro, temas de interesse dos países em desenvolvimento, como os relacionados à liberalização do comércio agrícola, têm mais dificuldade de avançar, o que explica parte das dificuldades na evolução das negociações Norte-Sul, incluindo a que tem se desenrolado entre o Mercosul e a União Europeia.

É interessante notar que a literatura sobre a cooperação Sul-Sul, tema abordado a seguir, aponta a necessidade de os países em desenvolvimento agirem coletivamente, porque, sozinhos, teriam pouco poder. No entanto, o que se buscou demonstrar nesta seção é que os países desenvolvidos tampouco acumularam poder nas negociações internacionais agindo individualmente. Porém, não se pode entender sua capacidade de coordenação sem compreender o amplo histórico de conflitos e a construção da interdependência econômica entre eles, os quais demandaram que se construíssem arranjos cooperativos que garantissem que as decisões de uns não impactassem os outros. Esses arranjos, contudo, não teriam sido possíveis se as partes envolvidas não se vissem como iguais. Nesse sentido, pode-se perguntar se o aumento da interdependência econômica entre os países do Norte e alguns países emergentes do Sul seria suficiente, por si só, para pavimentar o caminho para uma efetiva colaboração envolvendo o Norte e o Sul, tema que será discutido mais adiante, na seção "Norte-Sul".

SUL-SUL

A cooperação entre os países em desenvolvimento é chamada de "cooperação Sul-Sul", mas há outras características, para além do grau de desenvolvimento dos países envolvidos, que a singularizariam como modalidade de cooperação internacional. O passado colonial é uma das marcas relevantes do grupo de países pertencentes ao Sul Global, embora essa característica tampouco seja suficiente para definir seu pertencimento ao Sul, tendo em vista que outros países com passado colonial, como Estados Unidos e Austrália, não integram esse grupo. Talvez o traço mais marcante do Sul Global, e de suas articulações, seja o fato de englobar regiões que foram posicionadas, pelos padrões da civilização ocidental, como inferiores do ponto de vista racial, sendo a união entre elas articulada, historicamente, em nome da busca pelo reconhecimento como iguais nas negociações internacionais.

De fato, tal busca se constituiu como um dos elementos centrais do evento tido como marco inicial da cooperação Sul-Sul: a Conferência de Bandung ou Conferência Afro-Asiática, realizada em 1955. Esse teria sido o primeiro encontro internacional liderado por países do Sul, excluindo a participação de delegados dos países ocidentais. Apesar disso, o comunicado final da conferência destaca que o estímulo à maior aproximação econômica e cultural entre asiáticos e africanos não deveria acontecer em detrimento das relações Norte-Sul – algo que foi reiterado em eventos-marco subsequentes da cooperação Sul-Sul, discutidos neste capítulo. Por ora, é importante sublinhar que, conforme foi reconhecido pelo comunicado final de Bandung, a ideia não era começar a construir interações entre a Ásia e a África, mas retomar contatos ancestrais que haviam sido interrompidos pelo colonialismo, recuperando a riqueza civilizacional e cultural que tinha sido desvalorizada pela supremacia ocidental, apesar de ela própria ter sido alimentada por saberes e técnicas oriundos de impérios orientais.

Figura 1 – Cinco eventos-chave para compreender a emergência da Cooperação Sul-Sul no século XX.

1955	1961	1964	1973	1978
Conferência de Bandung	Conferência de Belgrado	Criação da UNCTAD (Conferência das Nações Unidas sobre Comércio e Desenvolvimento) e do G77	Primeiro choque do petróleo	Conferência de Buenos Aires

Podemos classificar a cooperação entre países do Sul em, pelo menos, três tipos, todos abordados no Comunicado Final de Bandung: político; econômico e técnico; e científico-tecnológico. A cooperação política talvez seja a mais marcante ao longo da história da cooperação Sul-Sul. Ela se refere à união entre esses países para angariar mais poder nas negociações internacionais. Interessava afirmar, no contexto do pós-guerra, do avanço da descolonização e da emergência da Guerra Fria, que a agenda do Sul Global não estava alinhada à agenda das grandes potências.

A prioridade daqueles países seria promover seu desenvolvimento e, especialmente para os que tinham recém-conquistado a sua independência, ou que estavam prestes a fazê-lo, não interessava ser subjugados a novas zonas de influência, garantidas graças à supremacia militar. Dessa forma, convencionou-se afirmar que a agenda do chamado "Terceiro Mundo", composto por países que não desejavam integrar nenhum dos dois blocos em disputa, seria capitaneada pelos chamados 3 Ds: descolonização, desenvolvimento e desmilitarização.

Historicamente, a cooperação política Sul-Sul que nasceu em Bandung ganhou tração em eventos subsequentes, perpassando desde a Conferência de Belgrado e o lançamento do Movimento dos não Alinhados (MNA), em 1961 – evento que expandiu a representatividade das articulações Sul-Sul ao contar com a participação de um país latino-americano, Cuba –, até a busca pela reforma da governança global no século XXI – incluindo, por exemplo, demandas pela atualização do sistema de votos das instituições de Bretton Woods para ser mais coerente com a real relevância econômica dos países.

Uma das agendas centrais que caracterizam as articulações Sul-Sul emergiu com a criação da Conferência das Nações Unidas sobre Comércio e Desenvolvimento (UNCTAD, na sigla em inglês) em 1964, respondendo às reivindicações do Sul pela institucionalização de negociações que tivessem como cerne o tema do desenvolvimento. No âmbito da UNCTAD, foi formada a maior coalizão internacional envolvendo países em desenvolvimento, voltada para aumentar seu poder de barganha coletivo em agendas de interesse mútuo: o G77, integrado em 2024 por 134 países.

Uma das bandeiras históricas desse grupo, que ganhou nova relevância no século XXI em função de fatores que serão explorados mais adiante, é baseada no mote *"trade, not aid"* ("comércio, não ajuda", em tradução livre). Entendia-se a ajuda prestada pelo Norte como insuficiente para promover um desenvolvimento autônomo, o qual dependeria do acesso dos bens produzidos nos países do Sul ao mercado dos países desenvolvidos. As duas agendas, contudo, avançaram de forma paralela, com os países doadores da ajuda priorizando outros fóruns para discutir o tema do desenvolvimento, como a OCDE, o Banco Mundial e o PNUD (Programa das Nações Unidas para o Desenvolvimento) – ver seção "Norte-Sul").

No caso da agenda comercial, avançou-se apenas no sentido de se estabelecer uma configuração voluntária e *ad hoc*, o Sistema Geral de Preferências Comerciais, o que ocorreu no âmbito da UNCTAD em 1971. Com ele, foi possível conceder acesso de produtos dos países em desenvolvimento a mercados de países desenvolvidos, negociado caso a caso e renovado a depender do interesse dos últimos. Um dos baluartes da cooperação econômica Sul-Sul, sistema semelhante foi estabelecido em 1988 – o Sistema Global de Preferências Comerciais entre Países em

41

Cooperação internacional

Desenvolvimento –, possibilitando acesso dos bens de países mais pobres do Sul ao mercado dos países mais ricos do Sul.

O ápice das articulações Sul-Sul, no século XX, ocorreu nos anos 1970, quando alguns países em desenvolvimento passaram a agregar poder econômico suficiente para fortalecer suas demandas em prol de modificações na ordem econômica e política mundial. Foi nesse contexto que, em 1973, a Organização dos Países Exportadores de Petróleo (Opep) – que havia sido criada em 1960 para enfrentar a política de redução de preços do produto, praticada por um cartel de empresas ocidentais – promoveu um aumento concertado do preço do petróleo para retaliar os Estados Unidos por seu envolvimento na Guerra do Yom Kippur, ao apoiar Israel. Porém, como se sabe, outras economias, inclusive de países em desenvolvimento, foram igualmente afetadas pelos choques do petróleo.

A década de 1970 também marcou a emergência dos chamados *"newly industrialized countries"* (países recentemente industrializados), grupo ao qual pertenciam, por exemplo, os Tigres Asiáticos e o Brasil. A introdução dessa diferenciação, renovada nas décadas posteriores pela emergência econômica da China e da Índia, abriu espaço para alargar a complementaridade econômica entre os países do Sul. Consequentemente, o comércio Sul-Sul expandiu em termos absolutos e relativos, atingindo 28% do comércio global em 2021, destacando-se a alta participação da economia chinesa nesses fluxos (UNCTAD, 2023). No caso do Brasil, já na década de 1970, notava-se a busca de mercados para produtos de maior valor agregado que não seriam competitivos nos mercados do Norte, podendo ser vista como um dos fatores impulsionadores para a aproximação com países africanos, promovida, entre outras formas, por acordos de cooperação técnica.

A agenda da cooperação técnica entre países em desenvolvimento, cuja importância havia sido enfatizada desde Bandung, além de avançar no âmbito bilateral, avançaria também no âmbito multilateral. Em 1978, o PNUD, por meio de sua Unidade Especial para a Cooperação Técnica entre Países em Desenvolvimento (CTPD), criada em 1974, organizou a Conferência de Buenos Aires, da qual resultou um plano de ação abrangente para promover a CTPD. Uma das questões que chamaram a atenção, neste evento, foi a ampla participação, contando com delegações de 138 países, incluindo delegações de países desenvolvidos, que viam o movimento terceiro-mundista com bastante desconfiança.

O que teria motivado, então, a participação daqueles países na Conferência de Buenos Aires? De modo geral, é possível que houvesse expectativa de que, por meio da valorização da CTPD, as demandas do Sul em relação ao Norte fossem amenizadas e de que se buscassem modelos alternativos de implementação da cooperação para o desenvolvimento, em vista das críticas à ajuda Norte-Sul (ver seção "Norte-Sul"). Igualmente, é plausível que houvesse temores mais amplos de que o movimento terceiro-mundista avançasse de forma autônoma, sem que os países desenvolvidos pudessem incidir sobre suas agendas.

Especificamente, talvez o papel desempenhado pelo governo americano demande maior reflexão, visto que, conforme será demonstrado na seção "Norte-Sul", desde os anos 1960, buscava dividir os custos da ajuda internacional com outros países. Além disso, é possível que interessasse que, ao oferecer conhecimentos e outros recursos para promover o desenvolvimento dos países mais pobres, alguns países emergentes que estivessem interessados em desenvolver tecnologias nucleares pudessem realizar esse desejo pelo reconhecimento como potências tecnológicas, por meio da cooperação em setores que não ameaçassem a segurança americana (ver seções "Cooperação nuclear" e "Cooperação alimentar" do capítulo "Temas").

Quadro 2 – Emblema e recomendações da Conferência de Buenos Aires.

A. Ação em nível nacional
1. Programação nacional para cooperação técnica entre países em desenvolvimento.
2. Adoção de políticas e regulamentos favoráveis à cooperação técnica entre os países em desenvolvimento.
3. Mecanismos nacionais para promover a cooperação técnica entre os países em desenvolvimento.
4. O fortalecimento dos sistemas nacionais de informação para a cooperação técnica entre os países em desenvolvimento.
5. A melhoria das instituições existentes.
6. Promoção de centros nacionais de pesquisa e treinamento com abrangência multinacional.
7. A promoção de maior autossuficiência tecnológica.
8. A formulação, a orientação e o compartilhamento de experiências políticas com relação à ciência e à tecnologia.
9. A promoção de maior autossuficiência nas esferas econômica e social.
10. Cooperação técnica entre países em desenvolvimento nas esferas culturais.
11. O incentivo à cooperação técnica entre os países em desenvolvimento através de organizações profissionais e técnicas.
12. A expansão da CTPD através de empresas e instituições públicas e privadas nacionais.
13. Programas de informação e educação em apoio à cooperação técnica entre países em desenvolvimento.
14. A expansão dos vínculos técnicos bilaterais.

B. Ação nos níveis sub-regional e regional
15. O fortalecimento das instituições e organizações sub-regionais e regionais.
16. A identificação, o desenvolvimento e a implementação de iniciativas de cooperação técnica entre países em desenvolvimento.
17. O aprimoramento das contribuições de organizações profissionais e técnicas.
18. A criação de novos vínculos para a cooperação técnica entre os países em desenvolvimento em importantes áreas substantivas.
19. Promoção de projetos industriais e agrícolas complementares nos níveis sub-regional e regional.

20. A melhoria das informações regionais para a cooperação técnica entre os países em desenvolvimento.
21. Apoio a centros nacionais de investigação e formação com âmbito multinacional.

C. Ação em nível inter-regional
22. O desenvolvimento e o fortalecimento da cooperação inter-regional.

D. Ação em nível global
23. O aumento da autossuficiência nacional e coletiva.
24. A troca de experiências de desenvolvimento.
25. A promoção da colaboração técnica global.
26. A melhoria dos fluxos de informação.
27. Controle da "fuga de cérebros" dos países em desenvolvimento.
28. Medidas a favor dos países em desenvolvimento econômica ou geograficamente desfavorecidos.
29. Medidas a favor dos países recém-independentes.
30. O fortalecimento dos transportes e das comunicações entre os países em desenvolvimento.
31. Maximização do uso das capacidades dos países em desenvolvimento.
32. Atividades de cooperação técnica entre países em desenvolvimento pelas organizações do sistema de desenvolvimento das Nações Unidas em seus respectivos campos.
33. Arranjos internos para cooperação técnica entre países em desenvolvimento nas organizações do sistema de desenvolvimento das Nações Unidas.
34. Fortalecer a capacidade do PNUD para a promoção e apoio à CTPD.
35. Apoio dos países desenvolvidos para a cooperação técnica entre os países em desenvolvimento.
36. A harmonização da assistência ao desenvolvimento com a cooperação técnica entre os países em desenvolvimento.
37. Acordos intergovernamentais.
38. Arranjos financeiros para cooperação técnica entre países em desenvolvimento.

Fonte: UNOSSC (1978).

A partir da Conferência de Buenos Aires, ainda que não tenha sido possível angariar o apoio necessário para a concretização do plano de ação proposto, em todas as suas dimensões, alguns países do Sul, principalmente aqueles com maiores níveis de desenvolvimento relativo, passariam a contar com maior estímulo e suporte para disponibilizar seus conhecimentos, inclusive os que haviam obtido no âmbito da cooperação Norte-Sul, para países de menor desenvolvimento relativo. Diante dos exíguos recursos dos primeiros, o papel desempenhado pelo PNUD se tornou essencial, inclusive em sua dimensão operacional, em vista da ampliação de seus escritórios para diversos países. No entanto, os recursos financeiros para patrocinar a CTPD continuaram escassos, o que, em parte, pode ajudar a explicar por que se consolidou a prática de implementação da CTPD por meio de missões realizadas por funcionários públicos. Diferentemente, os países do Norte passavam a implementar sua cooperação, cada vez mais, por intermédio de atores não governamentais, como ONGs e institutos de pesquisa e de consultoria (ver seção "Organizações da sociedade civil" no próximo capítulo).

Talvez a estrutura de CTPD baseada em entrega por meio de funcionários públicos e, portanto, em gastos indiretos realizados pelos próprios governos do Sul prestadores de cooperação seja um dos fatores que ajudem a explicar sua continuidade e expansão nos anos 1980 e 1990, apesar da crise econômica que afetou os países em desenvolvimento e da desmobilização da cooperação Sul-Sul. Igualmente, apesar dessa desmobilização, diversos países do Sul inauguraram, nesse período, com o apoio do PNUD, suas agências de cooperação.

Esse foi o caso do Brasil, com a criação da Agência Brasileira de Cooperação, em 1987, no âmbito do Itamaraty, a qual ocorreu no contexto de desmonte da Subsecretaria de Cooperação Econômica e Técnica Internacional (Subin), vinculada ao Ministério do Planejamento. A Subin havia sido criada, no fim dos anos 1960, para captar cooperação do exterior, principalmente na vertente Norte-Sul, buscando alinhar as iniciativas com as prioridades estabelecidas pelos planos nacionais de desenvolvimento. No entanto, com a emergência econômica de alguns países do Sul, nos anos 1970, passou-se a restringir, com algumas exceções, a transferência de tecnologia para países que pudessem se tornar seus concorrentes. Nesse sentido, é possível que houvesse a expectativa, por parte do governo brasileiro, de que o Plano de Ação de Buenos Aires abrisse espaço para a busca de tecnologias em outros países do Sul.

De modo geral, não se pode negar que uma das bases centrais no movimento terceiro-mundista, calcada no papel do Estado na promoção do desenvolvimento, foi abalada pela queda da União Soviética e pela emergência da agenda neoliberal, atribuindo papel essencial ao setor privado e aos investimentos estrangeiros diretos. Porém, se isso de fato implicou desmobilização da cooperação Sul-Sul ainda é uma questão em aberto.

No caso do Brasil, houve envolvimento crescente em iniciativas de CTPD nos anos 1980, principalmente por meio de projetos regionais coordenados pelo PNUD e pelo Banco Interamericano de Desenvolvimento (Cervo, 1994). Não restam dúvidas, contudo, de que o país passava a receber menos cooperação do exterior a fundo perdido. Esse processo foi influenciado pela introdução do princípio da graduação, em que o acesso à cooperação recebida por países mais desenvolvidos do Sul passaria a ficar condicionado a contrapartidas por parte do país receptor, que deveria arcar com parte dos seus gastos, além de se comprometer a replicar a cooperação recebida no âmbito da CTPD em períodos subsequentes.

Retomar a trajetória histórica da CTPD é importante para sinalizar que a influência do Norte na cooperação Sul-Sul, apontada como um dos fatores que caracterizariam sua reemergência no século XXI – no âmbito da chamada "cooperação triangular", em que a cooperação técnica Sul-Sul seria apoiada por um doador do Norte –, possui raízes mais antigas. Possivelmente, tal influência se consolidou como resposta à preocupação com as articulações Sul-Sul desde Bandung (1955), perpassando a criação do MNA (1961) e do G77 (1964), culminando com demonstrações práticas de poder com os choques do petróleo.

Entretanto, isso não significa que os cooperantes do Sul não tivessem seus próprios interesses ao expandir sua cooperação com outros países em desenvolvimento. Por certo, tratava-se de interesses tanto de natureza sociológica – o afã de demonstrar suas capacidades institucionais e tecnológicas, diferenciando-os de outros países em desenvolvimento ao se colocarem na posição de doadores de cooperação – quanto de natureza instrumental – utilização da cooperação Sul-Sul como meio para atrair aliados ou abrir mercados.

Os anos 2000, já no cenário pós-neoliberal, foram marcados pela retomada das articulações políticas Sul-Sul, como demonstraram as alianças voltadas para promover a reforma das instituições multilaterais. O sistema de votos do Banco Mundial e do FMI herdado de Bretton Woods demandava, e ainda demanda, atualização, em consonância com os novos polos de poder econômico do Sul. Isso, obviamente, implicaria perdas para os que buscam conservar sua posição na economia política internacional, principalmente os países europeus.

Enquanto as articulações em prol de tais reformas enfrentaram resistências, avançando lentamente, o mesmo não se pode dizer sobre o novo ciclo de cooperação técnica Sul-Sul que se instaurou. Embora sua expansão seguisse interessando os países do Sul pelos motivos já expostos – aos quais se somaram a busca, por parte de governantes progressistas, de difusão de modelos que retomassem o papel central atribuído ao Estado no desenvolvimento –, o fato de ter sido amplamente estimulada por doadores do Norte demonstra certa continuidade em relação ao período anterior.

O mesmo apoio, contudo, não seria verificado em iniciativas relacionadas à promoção da cooperação econômica Sul-Sul, que parece ter ganhado contornos inéditos, pela sua abrangência e pelo volume de recursos envolvidos, no atual século. Nesse sentido, são amplamente conhecidas, por exemplo, as críticas ocidentais à expansão dos investimentos chineses na África ou à participação do Brasil, em parceria triangular envolvendo o Japão, no ProSavana – Programa de Desenvolvimento Agrícola da Savana Tropical de Moçambique (ver seção "Cooperação alimentar" do capítulo "Temas").

Apesar das críticas enfrentadas pela cooperação econômica Sul-Sul, iniciativas como as mencionadas convergiriam com o entendimento histórico, o qual englobou as elites de diversos países do Sul, de que projetos autônomos de desenvolvimento só poderiam ser fomentados com base em iniciativas voltadas para promover o avanço econômico e científico-tecnológico. É com base nesse raciocínio, por exemplo, que cooperantes como o Brasil e, principalmente, a China e a Índia, constroem a atratividade de seus modelos. Um dos discursos mais frequentes

Cooperação internacional

é o de que as similaridades entre os países do Sul fariam com que as tecnologias produzidas por eles fossem mais adaptáveis à realidade de outros países em desenvolvimento. Além disso, a própria disposição em transferir tecnologias seria uma marca distintiva da cooperação Sul-Sul no que diz respeito à cooperação Norte-Sul.

Obviamente, a maior legitimidade conferida à cooperação econômica e científico-tecnológica pelas elites dos países do Sul não passou despercebida entre os doadores tradicionais do Norte. Conforme será discutido na seção "Norte-Sul", esse apelo, somado à crise econômica que abalou o mundo desenvolvido no período pós-2008, contribuiu para a valorização da agenda econômica e científico-tecnológica no âmbito da cooperação Norte-Sul, incluindo o envolvimento crescente dos filantrocapitalistas, com seus vultosos recursos financeiros e o poder de atração das empresas tecnológicas a que se vinculam.

NORTE-SUL

Como foi observado no capítulo anterior, para a vertente liberal da Teoria das Relações Internacionais, a cooperação se baseia, em grande medida, em evidências sobre as relações entre os países desenvolvidos, as quais seriam caracterizadas não apenas por vigorosa interdependência econômica, mas também por modelos similares de gestão econômica e por uma percepção mútua de igualdade. No início da seção "Sul-Sul", vimos que essa cooperação foi promovida justamente para alimentar uma relação entre iguais, baseada na percepção de que esta não seria viável na cooperação com os países industrializados. Seria possível, então, promover um efetivo diálogo Norte-Sul se predomina uma percepção mútua de desigualdade entre as partes?

Do ponto de vista histórico, a adequada compreensão da cooperação Norte-Sul requer que se remonte às relações coloniais e à evolução do capitalismo global. O próprio estabelecimento das colônias havia sido possível graças a avanços tecnológicos que tinham lançado as bases para o sistema europeu se tornar o primeiro a cobrir a totalidade do globo. Na origem do desequilíbrio que se estabeleceu estava a supremacia militar dos colonizadores, apoiada por aculturação, no sentido de apresentar e de impor o modelo ocidental como o mais apropriado, tendo como base a ideia da supremacia racial.

Com isso, as elites dos países em desenvolvimento tiveram seus interesses definidos em função das preferências dos colonizadores, enxergados como superiores do ponto de vista cultural, político e técnico. Nesse sentido, a cooperação Norte-Sul não pode ser desvinculada da construção histórica da ideia da superioridade do Norte, poupando-se a ampla alocação de recursos que seria necessária para impor modelos e para obrigar a aceitação da desigualdade.

No contexto das guerras mundiais, as perdas sofridas pelas potências coloniais alimentaram movimentos de independência em diversas partes do mundo, levando à triplicação do número de Estados entre 1945 e 1970. No entanto, a independência formal não implicaria necessariamente retração da influência sobre as ex-colônias. Um dos mecanismos de manutenção dessa influência foi a chamada "cooperação para o desenvolvimento". Contudo, a difusão dessa modalidade de cooperação como fenômeno relevante nas relações internacionais, no período pós-Segunda Guerra Mundial, precisa ser entendida também no âmbito da emergência da Guerra Fria e das disputas por influência entre Estados Unidos e União Soviética.

Um dos marcos da cooperação para o desenvolvimento foi o Programa Ponto IV, autorizado pelo Congresso dos Estados Unidos em 1950 e impulsionado pelo quarto elemento do discurso de posse de Harry Truman de 1949. Ele abordou a necessidade de os Estados Unidos compartilharem seus avanços científico-tecnológicos com os chamados países "subdesenvolvidos", de modo que estes não ficassem sujeitos à influência do modelo soviético. O Programa Ponto IV pavimentou o caminho para a inauguração de diversos programas e organizações voltados para prestar assistência aos países em desenvolvimento, os quais foram unificados, no âmbito da Agência dos Estados Unidos para o Desenvolvimento Internacional (Usaid, na sigla em inglês), em 1961.

Cooperação internacional

Entretanto, o governo americano não restringiu os esforços destinados à promoção do desenvolvimento internacional apenas aos Estados Unidos. À medida que seus aliados (antigos ou novos) se recuperavam da guerra, demandou-se que consolidassem e expandissem iniciativas de cooperação para o desenvolvimento. Obviamente, isso foi possível não apenas devido à pressão americana, mas também em vista de estratégias próprias desses países – utilizando a cooperação como mecanismo para manter a influência sobre ex-colônias (casos, por exemplo, da França e da Inglaterra) ou para buscar reconstruir sua imagem nas relações internacionais (casos da Alemanha e do Japão).

Embora a dimensão da influência política se destaque entre as motivações associadas à emergência da cooperação para o desenvolvimento, em geral, a busca de ganhos econômicos também se fazia presente, sendo mais explícita na chamada "ajuda ligada", a qual ganhou visibilidade a partir do Plano Marshall, iniciado em 1947. Este modelo foi transplantado no período posterior para a cooperação Norte-Sul, em que o doador condicionava seu apoio financeiro à compra de seus bens e equipamentos ou à contratação de seus serviços.

Com o passar do tempo, contudo, pelo menos três fatores contribuíram para o questionamento da incidência dos interesses econômicos sobre a cooperação para o desenvolvimento. Em primeiro lugar, surgiram dúvidas em relação à efetividade das primeiras tentativas de promover o desenvolvimento dos mais pobres, concentradas na promoção da industrialização.

Do ponto de vista econômico, ficou claro que apenas a transferência de capital acabaria por fomentar a dependência em relação aos doadores e não seria suficiente para apoiar um desenvolvimento autônomo. A efetividade da cooperação dependeria da promoção do desenvolvimento rural, diagnóstico que abriu espaço para iniciativas focadas na chamada "Revolução Verde" (ver seção "Cooperação alimentar" do capítulo "Temas"). Do ponto de vista social, a mobilização da comunidade internacional em torno da denúncia dos impactos negativos do crescimento econômico criaria constrangimentos para que os países do Sul buscassem replicar os modelos do Norte, cujo desenvolvimento, historicamente, havia se amparado em violações de direitos humanos, sem contar seus efeitos deletérios sobre o meio ambiente.

Em segundo lugar, ao longo das décadas, a comunidade ligada à assistência internacional, dentro dos países doadores do Norte, foi se expandindo, incluindo institutos de pesquisa, ONGs e todo um ecossistema de organizações criadas especificamente com o propósito de promover o desenvolvimento (ver seção "Organizações da sociedade civil" do próximo capítulo). Essas organizações passariam não apenas a fortalecer a base de apoio doméstica em debates sobre a alocação da ajuda, mas também tornar-se-iam veículos para a implementação de programas e projetos, incidindo sobre o seu desenho, de modo a priorizar setores sociais e a equilibrar motivações de cunho econômico. Do ponto de vista estatal, possivelmente interessava que essa comunidade estivesse engajada com causas internacionais, mantendo distantes, dos assuntos domésticos, indivíduos e organizações com inclinações mais progressistas, cuja força havia ficado bastante clara com os movimentos de 1968.

O terceiro aspecto que contribui para explicar o questionamento paulatino da incidência de interesses econômicos sobre a cooperação para o desenvolvimento diz respeito à influência das organizações internacionais. Igualmente atuantes como implementadoras de projetos, elas também assumiram funções reguladoras centrais a respeito da definição da ajuda, suas métricas e os requisitos para sua efetividade do ponto de vista dos países receptores.

A própria ONU, antes do discurso de Truman, havia começado a se mobilizar em torno do tema com o lançamento de um programa de assistência técnica, já em 1948, reformulado em 1949: o *United Nations Expanded Programme of Technical Assistance*. A junção desse programa ao Fundo Especial das Nações Unidas, criado em 1958, resultou na fundação do Programa das Nações Unidas para o Desenvolvimento (PNUD) em 1966. Também foi no âmbito da ONU que avançaram propostas para a substituição do termo "assistência técnica" por "cooperação técnica", que conferiria aos receptores maior condição de igualdade em relação aos doadores.

No entanto, o órgão que assumiu função reguladora central no regime da cooperação para o desenvolvimento foi o Comitê de Assistência ao Desenvolvimento (CAD) da OCDE, que ao longo do tempo desenvolveu

Cooperação internacional

indicadores que permitiriam identificar, e expor, práticas que apontariam a incidência de interesses econômicos. Entre esses indicadores estavam a proporção da ajuda alocada por meio de instituições multilaterais, pressupondo-se que na ajuda bilateral o doador poderia exercer seus interesses; e a distribuição da ajuda conforme o nível de desenvolvimento do receptor, devendo-se priorizar os países de menor desenvolvimento relativo.

Outra organização internacional historicamente relevante para a evolução da arquitetura da cooperação para o desenvolvimento foi o Banco Mundial. Seu orçamento manteve-se superior ao de outras organizações multilaterais voltadas para a promoção do desenvolvimento internacional, em função da preferência dos doadores por canalizar seus recursos através de organizações em que detivessem maior poder de voto.

Nos anos 1970, Robert McNamara, presidente do Banco Mundial, buscou mediar o diálogo Norte-Sul, apelando para a interdependência ao insistir que não seria possível que os países do Norte se isolassem dos efeitos do subdesenvolvimento em outras regiões. Estes afetariam regiões desenvolvidas de diversas maneiras, entre elas, por meio dos fluxos migratórios. Nos últimos anos, qualquer viajante atento, ao caminhar pelas grandes cidades europeias, percebe a pertinência do argumento de McNamara, mas na época ele não surtiu efeito em vista dos embates Norte-Sul causados pelos choques do petróleo.

Ainda assim, e a despeito da oposição de diversos líderes do Sul, a quem interessava manter sua autonomia para decidir em quais frentes aplicar a ajuda recebida, o Banco Mundial sucedeu em outra frente. Nos anos 1970, a organização liderou o lançamento da abordagem das chamadas "Necessidades Humanas Básicas". De acordo com essa abordagem, a cooperação Norte-Sul deveria focar as populações mais pobres, situadas nas zonas rurais, buscando equacionar desafios primários ao desenvolvimento, como acesso à educação e à saúde básicas.

Nota-se, portanto, que a dimensão social do desenvolvimento se ergueu como pilar normativo central da cooperação Norte-Sul por diversas razões. Isso não significa, contudo, que tal importância se manteve no período subsequente. Com efeito, como foi visto na seção "Sul-Sul", os anos 1980 e 1990 foram conhecidos pela aposta de que a criação de ambientes atrativos à operação do setor privado seria, por si só, suficiente para promover o desenvolvimento.

A queda da União Soviética, além de ter significado suposta derrota de modelo alternativo de desenvolvimento, marcado pela liderança do Estado, também impactou uma das razões centrais para a própria emergência do regime internacional da ajuda: o interesse dos Estados Unidos de buscar aliados diante da disputa com a União Soviética. Ainda assim, como foi apontado no início desta seção, a emergência da Guerra Fria, embora central, não foi o único fator a motivar a construção de um regime internacional em torno da cooperação Norte-Sul. Esse regime, além de incorporar interesses dos países doadores de diversas naturezas, alimentou e foi alimentado por centenas de organizações que haviam sido fundadas com o propósito de promover o desenvolvimento internacional.

Além disso, o fim da Guerra Fria abriu espaço para que surgissem diversos outros problemas direta ou indiretamente relacionados ao desenvolvimento, como guerras civis e transições democráticas, para cuja resolução a cooperação Norte-Sul se colocaria como resposta. Ou seja, em vez de desaparecer, a ajuda se fragmentou em diversas frentes, razão pela qual, diante dos novos temores sobre sua ineficácia, no fim dos anos 1990 a OCDE recomendou a priorização de algumas frentes, agenda que posteriormente influenciaria a ONU e o lançamento de seus oito Objetivos de Desenvolvimento do Milênio (ODM): (1) acabar com a fome e a miséria; (2) oferecer educação básica para todos; (3) promover a igualdade entre sexos e a valorização da mulher; (4) reduzir a mortalidade infantil; (5) melhorar a saúde das gestantes; (6) combater a aids, a malária e outras doenças; (7) garantir qualidade de vida e respeito ao meio ambiente; (8) estabelecer parcerias para o desenvolvimento.

Nenhum desses objetivos, os quais deveriam ser implementados até 2015, era propriamente novo. Além de apresentarem importante sobreposição com a abordagem das Necessidades Humanas Básicas, dos anos 1970, individualmente eles estavam ligados a mobilizações de atores governamentais e não governamentais em torno de agendas sociais específicas. Estas haviam sido objeto de diversas conferências organizadas no âmbito da ONU ao longo das décadas, culminando com o aprendizado, já visível nas conferências realizadas nos anos 1990, de que não bastava que os governantes assinassem acordos; era necessário que esses acordos fossem codificados e transformados em metas, além disso, que sua implementação fosse acompanhada periodicamente. Como a maior parte das metas já havia sido atingida pelos países desenvolvidos, o foco seria sua realização nos países em desenvolvimento, que deveriam ser apoiados pela cooperação dos países mais ricos.

A centralidade assumida pela dimensão social na agenda da cooperação para o desenvolvimento internacional não deixou de enfrentar críticas. Por um lado, alguns estudos demonstraram que uma parte ínfima do orçamento da cooperação alocado pelos países mais ricos chegava, de fato, aos países que mais necessitavam. Pelo contrário, boa parte dos recursos ficava no próprio país doador, seja na forma de gastos realizados em seu próprio território – como bolsas de estudos a nacionais de países menos desenvolvidos que realizavam graduação ou pós-graduação no país de origem dos recursos (ver seção "Universidades" do capítulo seguinte) ou o acolhimento a refugiados –, seja na forma de contratação de serviços oferecidos por ONGs, institutos de pesquisa e outras organizações situadas no país doador (ver seção "Organizações da sociedade civil" do capítulo seguinte).

Muitas agências implementadoras, inclusive, seriam acusadas não apenas de não se alinharem às prioridades do desenvolvimento estabelecidas pelos governos nacionais dos países receptores, mas também, ao não fazê-lo, de representarem mecanismos sutis de ingerência em seus assuntos domésticos. Uma das formas buscadas para coibir esse tipo de prática foi o lançamento da efetividade da ajuda, cujos princípios foram consolidados pela Declaração de Paris de 2005.

Quadro 3 – Princípios da agenda de efetividade da ajuda.

Princípio	Indicador(es) associado(s)
Apropriação	1. Os países implementam estratégias nacionais de desenvolvimento com prioridades estratégicas claras.
Alinhamento	2. Os países desenvolvem sistemas fiduciários nacionais fiáveis ou programas de reforma para os alcançar. 3. Os doadores alinham a sua ajuda com as prioridades nacionais e fornecem as informações necessárias para que esta seja incluída nos orçamentos nacionais. 4. Programas coordenados alinhados com as estratégias nacionais de desenvolvimento prestam apoio ao desenvolvimento de capacidades. 5a. Como primeira opção, os doadores utilizam sistemas fiduciários que já existem nos países beneficiários. 5b. Como primeira opção, os doadores utilizam sistemas de aquisição que já existem nos países beneficiários. 6. As estruturas nacionais são utilizadas para implementar programas de ajuda, em vez de estruturas paralelas criadas pelos doadores. 7. A ajuda é liberada de acordo com cronogramas acordados. 8. A ajuda bilateral não está vinculada aos serviços fornecidos pelo doador.
Harmonização	9. A ajuda é prestada através de programas harmonizados e coordenados entre os doadores. 10a. Os doadores realizam as suas missões de campo juntamente aos países beneficiários. 10b. Os doadores realizam o trabalho analítico do seu país em conjunto com os países beneficiários.
Gerenciamento para resultados	11. Os países dispõem de estruturas de avaliação transparentes e mensuráveis para medir o progresso e avaliar os resultados.
Prestação de contas mútua	12. As revisões regulares avaliam o progresso na implementação dos compromissos de ajuda.

Fonte: OCDE.

Por outro lado, como foi visto na seção "Sul-Sul", predominava, entre os governos e as elites de diversos países receptores, a percepção de que apenas iniciativas direcionadas à promoção do crescimento econômico e do avanço científico-tecnológico fomentariam modelos de desenvolvimento autônomo. Ou seja, se os países receptores não fossem capazes de desenvolver atividades econômicas, realizar exportações, criar empregos e alimentar as políticas públicas com recursos oriundos da cobrança de impostos sobre as atividades nacionais, não seria possível se libertarem da dependência da ajuda externa.

Não à toa, a China se tornou um dos parceiros preferenciais na cooperação para o desenvolvimento, justamente por sustentar discursos e, para alguns, práticas, que seriam mais coerentes com tais modelos. Paralelamente, os modelos de desenvolvimento dos países industrializados seriam cada vez mais questionados em vista de seus retrocessos ambientais e sociais não só do ponto de vista histórico, mas também contemporâneo. Enquanto os impactos da crise econômica pós-2008 e o lançamento de novas metodologias apontaram para a persistência das desigualdades sociais no Norte, a retomada de métodos não sustentáveis de produção de energia na Europa diante da guerra na Ucrânia levantou questionamentos sobre a real prioridade conferida ao meio ambiente.

A importância crescente da cooperação chinesa, bem como a crise no centro capitalista no período pós-2008, constituiu-se em pano de fundo da ampliação da agenda dos ODM no âmbito dos 17 Objetivos de Desenvolvimento Sustentável (ODS). Estes, aprovados pelos Estados integrantes da ONU em 2015, incluem: (1) erradicação da pobreza; (2) fome zero e agricultura sustentável; (3) saúde e bem-estar; (4) educação de qualidade; (5) igualdade de gênero; (6) água potável e saneamento; (7) energia acessível e limpa; (8) trabalho decente e crescimento econômico; (9) indústria, inovação e infraestrutura; (10) redução das desigualdades; (11) cidades e comunidades sustentáveis; (12) consumo e produção responsáveis; (13) ação contra a mudança global do clima; (14) vida na água; (15) vida terrestre; (16) paz, justiça e instituições eficazes; (17) parcerias e meios de implementação.

Como se pode notar, assim como seus antecessores, os ODM, os ODS listaram temas relevantes para a agenda social. Porém, diferentemente dos ODM, os ODS passariam a incorporar a agenda econômica. Além disso, os países ricos estariam igualmente sujeitos à implementação e ao acompanhamento, interno e externo, dos ODS. Do ponto de vista da cooperação internacional, ela seguiria presente no último ODS, como também em metas específicas relacionadas a outros objetivos, inclusive os de cunho econômico, legitimando iniciativas de cooperação nessa seara, desde que se respeitando a dimensão da sustentabilidade ambiental.

Como se pode notar, a agenda da cooperação Norte-Sul foi pautada, ao longo das décadas, por debates a respeito de quais dimensões do desenvolvimento deveriam ser priorizadas. No início, a dimensão econômica era valorizada, mas por diversas razões, abordadas nesta seção, o pilar do desenvolvimento social se fortaleceu ao longo das décadas. Nos anos 1980 e 1990, a dimensão econômica voltaria a ganhar força, no âmbito das práticas neoliberais, mas na virada para o atual século, os ODM conferiram nova ênfase à dimensão social. Mais recentemente, com o lançamento dos ODS, em 2015, a agenda do desenvolvimento encampou ambas as dimensões, buscando amenizar a polarização entre elas ao eleger a sustentabilidade como pilar transversal.

Com essa ampliação, uma das questões centrais que se impõem é como garantir que todos os recursos necessários sejam levantados para permitir a implementação de cada uma das 169 metas previstas até 2030. O problema havia sido identificado já em 2015, quando a Terceira Conferência Internacional sobre Financiamento para o Desenvolvimento foi realizada. A Agenda de Ação de Adis Abeba, resultante do evento, previa mobilização de recursos para bem além da cooperação para o desenvolvimento Norte-Sul da forma como havia sido enquadrada e regulada tradicionalmente – incluindo, por exemplo, o papel do setor privado e do comércio internacional na realização dos ODS.

A partir do final dos anos 2010, ganharam impulso as propostas de metrificação, de qualificação e de avaliação do financiamento para o desenvolvimento sustentável realizadas no âmbito da iniciativa TOSSD (Total Official Support for Sustainable Development / Apoio Oficial Total para o Desenvolvimento Sustentável) A iniciativa inclui mapeamento de recursos provenientes da cooperação Sul-Sul, ainda que parceiros importantes, como a China e a Índia, não tenham concordado em participar do processo, em vista de a OCDE figurar entre as organizações que lideram a TOSSD. Mesmo assim, é inquestionável a influência desses países, e de suas práticas, sobre a transformação recente do regime internacional da cooperação para o desenvolvimento rumo à inclusão da dimensão econômica como pilar central.

Atores não estatais

Como foi visto no capítulo anterior, embora os Estados e seus interesses tenham sido cruciais para a emergência e para a evolução da trajetória da agenda da cooperação internacional para o desenvolvimento, atores não estatais também incidiram, historicamente, sobre seu desenho, sobre sua implementação e sobre sua normatização. Este capítulo trará considerações mais detidas a respeito do papel desempenhado por três tipos de atores não estatais na cooperação: as organizações da sociedade civil, os governos locais e as universidades.

Apesar de alguns estudos classificarem esses atores como "não tradicionais", dando a entender que sua centralidade na cooperação para o desenvolvimento seria fenômeno recente, será demonstrada sua atuação histórica na seara, por vezes antecedendo a própria difusão da liderança estatal.

ORGANIZAÇÕES DA SOCIEDADE CIVIL

As considerações sobre a cooperação internacional realizadas nos capítulos anteriores deram ênfase a negociações e a encontros realizados entre representantes dos Estados, ressaltando-se, ainda, o papel de organizações intergovernamentais. No entanto, boa parte da cooperação, em

Cooperação internacional

âmbito governamental, respondeu historicamente a demandas que eram veiculadas por movimentos e organizações da sociedade civil (OSC). Sua força se construiu a partir de articulações transnacionais, promovendo uma difusão global de valores que pode, ela mesma, ser vista como alicerce da sociedade internacional.

Um dos casos mais emblemáticos é o da Convenção de Genebra de 1864, tido como o primeiro tratado internacional do Direito Humanitário por ter estabelecido o princípio da neutralidade para feridos de guerra e para voluntários encarregados de assisti-los. A celebração da convenção foi possível graças à cooperação entre sociedades nacionais, estabelecidas com o fim de prestar assistência aos feridos em guerras, articuladas no âmbito do Comitê Internacional da Cruz Vermelha.

No caso da cooperação para o desenvolvimento, compreender o papel desempenhado pelas OSC requer que se realize uma série de qualificações ao argumento, tecido na seção "Norte-Sul", de que dinâmicas estatais, ligadas a interesses securitários ou econômicos dos países doadores, no contexto da Guerra Fria e da descolonização, teriam sido determinantes para sua emergência e para sua difusão no pós-guerra.

Embora a maior parte das OSC voltadas para a agenda do desenvolvimento internacional tenha, de fato, sido criada após a Segunda Guerra Mundial – destacando-se em agendas voltadas para a promoção de direitos humanos e da justiça social, para a redução da pobreza e das desigualdades e para a proteção ao meio ambiente –, é importante mencionar que, antes de ser prática comum entre os Estados, atores não governamentais e movimentos humanitários já atuavam no fomento ao desenvolvimento em outros países. Com isso, acumularam larga experiência que, posteriormente, seria aproveitada por diversas organizações governamentais estabelecidas no pós-guerra, inclusive na formação de seus quadros.

A princípio, organizações ecumênicas tiveram papel central na ajuda humanitária, evoluindo, no século XIX, de uma ação baseada no proselitismo, principalmente cristão, para iniciativas que passaram a abrigar, por exemplo, escolas e hospitais. Durante as guerras mundiais e no período entreguerras, organizações não religiosas também passaram a se destacar em diversas frentes.

Atores não estatais

Um exemplo foi a atuação da Save the Children, fundada no Reino Unido em 1919, para oferecer ajuda alimentar para crianças alemãs atingidas pela Primeira Guerra Mundial. Na educação e na saúde, o papel de fundações estadunidenses é amplamente conhecido. Entre as ações por elas realizadas no período em tela, esteve o apoio da Fundação Carnegie, fundada em 1911, para promover a educação superior em países de língua inglesa; e pesquisas e intervenções capitaneadas pela Fundação Rockefeller, fundada em 1913, para a erradicação da febre amarela e para o controle de outras doenças tropicais.

Diversas organizações, criadas a princípio para atuar em emergências durante as guerras, ou na reconstrução, posteriormente voltaram suas agendas para os países em desenvolvimento. Este foi o caso do Conselho Internacional de Agências Voluntárias, estabelecido em 1962 a partir de estrutura anterior voltada, especificamente, para atuação junto aos refugiados das guerras mundiais. Também foi o caso da Care, criada em 1945 para enviar ajuda alimentar dos Estados Unidos a países europeus, em seguida, expandido suas operações para regiões em desenvolvimento – o que levou, já em 1953, à mudança do seu nome de Cooperative for American Remittances to Europe para Cooperative for American Relief Everywhere.

Quadro 4 – As principais ONGs internacionais atuantes na cooperação para o desenvolvimento.

ONG	Ano de criação	Sede atual	Áreas de atuação
Caritas International	1897	Vaticano	Conflitos e desastres Alimentação Desenvolvimento Saúde e HIV Migração e tráfico humano
Save the Children International	1919	Reino Unido	Sobrevivência Aprendizado Proteção Emergências *Advocacy* e campanhas Crise climática Crise de fome

Plan International	1937	Reino Unido	Educação inclusiva e de qualidade Proteção da violência Empoderamento dos jovens Saúde e direitos sexuais e reprodutivos Desenvolvimento da primeira infância Habilidades e trabalho Emergências
Oxfam International	1942	Quênia	Água e saneamento Alimentação, clima e recursos naturais Conflitos e desastres Desigualdade extrema e serviços essenciais Justiça de gênero e direitos das mulheres
Care International	1945	Suíça	Resposta a crises Igualdade de gênero Justiça climática Direito à saúde Direito à alimentação, à água e à nutrição Justiça econômica para mulheres *Advocacy* e campanhas
World Vision International	1950	Estados Unidos e Reino Unido	Proteção à criança Desenvolvimento econômico Educação Saúde e nutrição Água limpa e saneamento
Médicos sem Fronteiras	1971	Suíça	Atividades médicas Cenários de crise
ActionAid International	1972	África do Sul	Emergências Terra e clima Política e economia Direito das mulheres Combate à escravidão moderna

Fonte: Baseada em informações extraídas das webpages das organizações.

A atuação de organizações como as mencionadas, bem como de movimentos e partidos voltados para a difusão internacional dos direitos trabalhistas e do Estado de Bem-Estar Social, teria, ela mesma, formado a base incremental para a obrigação moral dos países mais ricos de contribuírem para promover o desenvolvimento dos países mais pobres. Nesse sentido, não é possível compreender a difusão da prática de utilização de recursos públicos para projetos e programas de desenvolvimento internacional sem entender o papel de OSC em diversas frentes.

Em primeiro lugar, cabe sublinhar sua atuação junto aos nacionais dos países doadores, no sentido de formar e fortalecer uma ampla base de apoio à posterior, e crescente, alocação de recursos oriundos dos impostos pagos por aqueles nacionais para a promoção do desenvolvimento internacional. Essa mobilização já acontecia, tradicionalmente, por meio de campanhas de recolhimento de doações voluntárias, de modo que seria natural, a princípio, que indivíduos e organizações que as realizavam também concordassem com o uso de recursos públicos para promover a melhoria das condições de vida dos nacionais de países mais pobres. Assim, organizações e movimentos da sociedade civil contribuíram para a formação e para o fortalecimento de *constituencies* (eleitorado) pró-ajuda, inclusive mediante iniciativas voltadas para a chamada "educação para o desenvolvimento", fomentando, no período de formação escolar e religiosa dos cidadãos dos países doadores, a consciência sobre os graves problemas que atingiam outras populações do mundo.

Em segundo lugar, é importante ressaltar que diversos pilares da governança internacional da cooperação para o desenvolvimento foram, e ainda são, formados a partir da mobilização de OSC, atuando coletivamente. Um dos pilares mais conhecidos é a meta, aprovada em 1970 por resolução emitida no âmbito da Assembleia Geral das Nações Unidas, de que os países ricos deveriam destinar pelo menos 0,7% de seu Produto Interno Bruto (PIB) para a promoção do desenvolvimento internacional. A campanha pelo estabelecimento dessa meta foi baseada em articulações anteriores envolvendo organizações não governamentais. Com efeito, já em 1958, o Conselho Mundial de Igrejas havia proposto a meta de 1% do PIB para ajuda pública e privada, e a meta de 2% do PIB no caso das contribuições realizadas diretamente pelas igrejas.

O cumprimento da meta de 0,7% da Assistência Oficial para o Desenvolvimento (AOD), posteriormente estabelecida com base na Renda Interna Bruta do país doador, continua sendo monitorado pela OCDE. De acordo com informações recentes disponibilizadas por essa organização, apenas 5 dos 29 países monitorados atingiram a meta: Alemanha, Dinamarca, Luxemburgo, Noruega e Suécia (OCDE, 2023).

Em terceiro lugar, a influência de atores não governamentais também é significativa no que se refere à evolução histórica da alocação setorial da ajuda oficial. Nesse sentido, destaca-se, por exemplo, ação articulada entre as fundações Ford e Rockefeller para realizar pesquisas e projetos voltados para o controle populacional nos anos 1950 e 1960, temática que no momento subsequente também passaria a integrar o rol de ações financiadas pelos governos. Mesmo as primeiras décadas da ajuda, que focaram a dimensão econômica do desenvolvimento, não podem ser compreendidas sem que se entenda o papel daquelas duas fundações, entre outras organizações, na formação de profissionais do desenvolvimento, na medida em que patrocinaram a criação de diversos departamentos e pesquisas voltadas para o tema.

Em quarto lugar, é importante considerar, para além da atuação autônoma das OSC, seu papel na implementação da cooperação oficial para o desenvolvimento, em particular na dimensão Norte-Sul. Esse papel adquiriu relevo a partir da emergência da abordagem das Necessidades Humanas Básicas nos anos 1970 (ver seção "Norte-Sul"), com a transição de iniciativas voltadas para a promoção do desenvolvimento econômico para iniciativas direcionadas para o desenvolvimento social.

O enfoque, aqui, passou de intervenções do tipo *top-down*, tendo governos como beneficiários, para aquelas especificamente voltadas para comunidades em situação de pobreza, envolvendo, portanto, os beneficiários finais da ajuda. A necessidade de atuar junto às comunidades locais abriu espaço para ampliar a alocação de recursos públicos para organizações não governamentais dos países doadores, muitas das quais acumulavam ampla experiência de trabalho e variadas redes junto a essas comunidades, inclusive aquelas situadas em regiões remotas.

Além disso, a efetividade de projetos de desenvolvimento passaria a demandar abordagens do tipo *bottom-up*, fortalecendo-se a sociedade civil dos países beneficiários, dimensão que não foi abalada nem mesmo pelos ajustes estruturais, tendo em vista a centralidade adquirida pela qualidade da governança nessa agenda. Mesmo doadores com pouca tradição de voluntariado internacional, como o Japão, passaram a implementar projetos e programas oficiais por meio de organizações não governamentais.

Apesar da ampla trajetória de participação das OSC na promoção do desenvolvimento internacional, como implementadoras de projetos

Atores não estatais

de cooperação oficial, ainda há poucos dados consolidados sobre o tema. Algumas pesquisas apontam que as parcerias preferenciais seriam com grandes organizações não governamentais internacionais, devido à sua estrutura mais robusta para a realização e para a avaliação de projetos.

Já de acordo com dados inéditos referentes ao ano de 2018, divulgados pelo Comitê de Assistência para o Desenvolvimento da OCDE, a alocação predominante, da cooperação bilateral oficial oferecida por países que integram o comitê, seria para ONGs baseadas no país doador. Estas responderiam por mais de 65% dos gastos com iniciativas bilaterais de cooperação oficial implementadas por ONGs, seguidas por ONGs internacionais – menos de 27% – e, finalmente, por ONGs baseadas em países em desenvolvimento – menos de 7% (OCDE, 2020).

Em geral, as pesquisas convergem no que concerne à baixa alocação de recursos para OSC baseadas em países em desenvolvimento. Estas, muitas vezes, são subcontratadas por OSC internacionais ou têm suas sedes nos países doadores. Isso, além de alimentar a saída de profissionais mais qualificados das ONGs locais para as ONGs estrangeiras, pode acabar comprometendo a capacidade de identificar projetos inovadores e liderados por organizações que conheceriam melhor o contexto em que atuam.

A atuação das OSC como implementadoras da cooperação oficial tem sido objeto de diversas controvérsias. Por um lado, questiona-se: em que medida a operação por meio de recursos oficiais, os quais estariam atrelados a propósitos econômicos ou securitários dos países doadores, não comprometeria a busca por soluções que, de fato, contribuíssem para melhorar as vidas das populações beneficiárias?

Por outro lado, argumenta-se que as OSC também atuam ativamente para influenciar as políticas de cooperação para o desenvolvimento, tanto dentro dos países doadores quanto no âmbito da governança global. Exemplos recentes incluem seu protagonismo na aprovação, em 2011, da Global Partnership for Effective Development Co-operation (Parceria Global para uma Cooperação para o Desenvolvimento Efetiva), que busca reunir esforços de doadores públicos e privados, do Norte e do Sul, para garantir a apropriação da cooperação pelos países beneficiários; e nas negociações que resultaram na aprovação da Agenda 2030, em que se

Cooperação internacional

reconhece o papel de OSC para a implementação do ODS 16 (Paz, Justiça e Instituições Eficazes) e do ODS 17 (Parcerias e Meios de Implementação).

Outro debate sobre o envolvimento de OSC na agenda do desenvolvimento internacional relaciona-se a críticas à falta de transparência e ao foco em ações emergenciais, voltadas para o alívio temporário de situações de fome, guerra, desastres e outras crises, não produzindo impactos no longo prazo. Diversas organizações, contudo, passaram a se envolver, nas décadas subsequentes, em iniciativas de cunho estruturante, além de terem aberto divisões voltadas para monitoramento e avaliação, inclusive em função de terem se tornado canais para a alocação da ajuda oficial e de, ao mesmo tempo, precisarem prestar contas para a população dos países onde atuam.

Há, inclusive, argumentos no sentido de que os governos, em vista da necessidade de prestar contas para a população de origem dos recursos em curto período, em virtude de disputas eleitorais ou de restrições financeiras, estariam mais sujeitos a patrocinar iniciativas ineficazes. As OSC, ao contrário, teriam maior margem para se engajar em iniciativas de mais longo prazo.

Por fim, mas não menos importante, há controvérsias relacionadas à ingerência nos assuntos domésticos dos países que recebem a ajuda, pois as OSC prezam pela sua autonomia e focam agendas, como aquelas direcionadas para o fortalecimento de direitos civis, as quais não necessariamente convergem com prioridades de desenvolvimento de elites do Sul. Esse quadro de embate parece ter se agravado bastante nas últimas décadas, em contexto marcado pela emergência da China como país doador, cujas práticas seriam voltadas para questões econômicas e desvinculadas de atores da sociedade civil. Essa situação não apenas contribuiu para amplificar os questionamentos de países beneficiários em relação aos modelos tradicionais, mas também para buscarem restringir, cada vez mais, a participação de OSC estrangeiras em projetos de desenvolvimento.

As implicações desse quadro são inúmeras. Talvez ele ajude a explicar esforços recentes do Comitê de Assistência ao Desenvolvimento da OCDE, no sentido de avaliar as parcerias envolvendo governos e OSC, identificando suas forças e fraquezas e buscando difundir modelos e recomendações a partir da revisão de experiências nacionais tidas como bem-sucedidas. Paralelamente, nota-se esforço, também no âmbito daquele órgão, para promover o envolvimento de organizações do setor privado na cooperação, incluindo aquelas vinculadas ao filantrocapitalismo, as quais seriam objeto de menos questionamento por parte das elites dos países em desenvolvimento.

Como era de se esperar, as OSC vêm reagindo às críticas à sua atuação na cooperação. Somado ao reforço as iniciativas anteriores de reforma para garantir maior representatividade junto aos países do Sul – a exemplo da mudança da sede da ActionAid de Londres para Joanesburgo em 2003 –, diversas OSC baseadas no Norte passaram a buscar incidir sobre políticas de cooperação de doadores do Sul e a promover parcerias triangulares, envolvendo OSC baseadas nesses países. O Brasil foi um dos palcos centrais para a implementação dessas estratégias, embora isso não signifique que o país tenha deixado de se envolver em iniciativas de cooperação econômica Sul-Sul.

GOVERNOS LOCAIS

Assim como no caso das organizações da sociedade civil, a cooperação envolvendo governos subnacionais passou a ganhar maior proeminência na arquitetura do desenvolvimento internacional, principalmente a partir das décadas de 1980 e 1990. Como já foi mencionado na seção anterior, os anos 1970 haviam marcado a emergência de importantes reformulações na agenda do desenvolvimento internacional, de modo a proporcionar maior acesso, por parte das populações atingidas pela pobreza, à cooperação internacional.

Nesse contexto, os governos subnacionais, particularmente os governos locais, passaram a ser vistos como mais bem posicionados como parceiros. Por um lado, estariam mais próximos das demandas específicas daquelas populações. Por outro, teriam maior legitimidade por se tratar de atores públicos.

Pode-se averiguar a emergência da cooperação envolvendo governos subnacionais na agenda do desenvolvimento internacional – ou a chamada "cooperação descentralizada" –, considerando-se a proliferação de menções explícitas a essa prática em documentos oficiais, produzidos por agências doadoras, e também a partir da multiplicação de iniciativas capitaneadas por redes de cidades. Entre estas, enquadram-se, por exemplo, o lançamento de um programa de cooperação pela Federação das Municipalidades Canadenses, em 1987, e a criação, em 1989, da agência de cooperação para o desenvolvimento da United Towns Organisation (UTO). Essa organização havia sido criada em 1957, o que demonstra que a interface entre as agendas das cidades e da cooperação internacional não era nova. Isso pode significar que a emergência da cooperação descentralizada não teria sido possível sem o amparo de laços entre governos subnacionais construídos ao longo das décadas anteriores.

Um primeiro marco importante foi o estabelecimento na Bélgica, em 1913, de L'Union Internationale des Villes. Esta foi renomeada, em 1928, como International Union of Local Authorities (Iula), formando o que teria sido a primeira rede global de cidades. Em 2004, a Iula se juntou à UTO e à Metropolis – arranjo formalmente estabelecido em 1985 para propor soluções em prol da qualidade de vida dos habitantes de grandes aglomerações urbanas –, formando a United Cities and Local Governments (UCLG), a maior rede global de cidades e regiões.

Junto à UTO, a Iula possui importância histórica em função do fortalecimento e da difusão da prática europeia da germinação de cidades (*city twinings*). Isso ocorreu, inclusive, por meio da busca por apoio e pelo reconhecimento dessa prática junto a organizações internacionais. Nesse sentido, a UTO, como membro consultivo do Conselho Econômico e Social da ONU (Ecosoc, na sigla em inglês) e da Unesco, realizou importantes articulações, já nos anos 1960, que culminaram com a resolução da Assembleia Geral das Nações Unidas, de 1971, reconhecendo as germinações como modalidade "excepcionalmente valiosa" da cooperação internacional. Recomendavam-se, assim, esforços adicionais para que fosse possível mobilizar recursos do sistema ONU para apoiá-las.

A Comissão Europeia também se envolveu em mobilizações semelhantes, sendo um dos exemplos mais emblemáticos a aprovação da Community Aid for Twinings em 1989. Nesse caso, o papel articulador central foi exercido pelo Conselho das Municipalidades Europeias, criado em 1951 e rebatizado como Conselho de Municipalidades e Regiões Europeias (CEMR, na sigla em inglês), em 1984. O CEMR, tido como a primeira rede regional de cidades, é considerado a maior organização envolvendo governos locais e regionais europeus, representando por volta de 150 mil entidades não apenas nessa parte do mundo, ao buscar influenciar as políticas e as legislações da União Europeia, mas também junto à UCLG.

Entretanto, não se costuma traçar as origens contemporâneas das articulações internacionais envolvendo governos subnacionais somente se levando em consideração a experiência europeia. Nos Estados Unidos, nos anos 1950, a National League of Cities, criada em 1924 para promover a cooperação entre cidades desse país, tornou-se um dos vetores centrais da chamada "diplomacia cidadã", proposta por Eisenhower em conferência realizada na Casa Branca em 1956.

No âmbito dessa estratégia, impulsionou-se a prática de irmanamentos entre cidades, culminando posteriormente com a criação da Sister Cities International (SCI) em 1967. Os irmanamentos, a princípio concentrados nas relações entre localidades estadunidenses e as da Europa Ocidental, evoluíram, nos anos 1970, para parcerias com cidades soviéticas e chinesas. Após o fim da Guerra Fria, a SCI passou a receber apoio do governo americano para promover a cooperação técnica, cultural e econômica no âmbito de laços já existentes entre cidades americanas e aquelas que haviam integrado o bloco soviético.

As redes internacionais entre governos subnacionais, que evoluíram a partir das ramificações regionais, inter-regionais e globais do movimento municipalista, tinham inicialmente como agenda central a difusão da paz, a partir da cooperação entre os povos, encorajada por prefeitos democraticamente eleitos. Calcava-se no raciocínio funcionalista de que a cooperação entre os Estados dependeria de articulações realizadas de baixo para cima, sendo a interação entre cidades instrumental não apenas para promover relações entre seus líderes e instituições, mas também para aproximar seus cidadãos. Os governos subnacionais estariam bem posicionados nessa seara por estarem mais próximos ao eleitorado e por não terem a possibilidade de afirmar seus interesses por meio do uso da força, prerrogativa exclusiva dos Estados, o que impulsionaria um ambiente marcado pelo pacifismo, pelo conhecimento mútuo e pela horizontalidade nas suas relações.

Cooperação internacional

A importância do tema da paz na agenda da cooperação entre governos subnacionais manifestou-se de diversas formas ao longo das décadas, envolvendo desde a reconciliação no pós-guerra – como demonstram as dezenas de acordos bilaterais de germinação envolvendo cidades alemãs e francesas assinados na década de 1950 – até mobilizações contra as armas nucleares. Aqui, dois marcos relevantes foram o lançamento da iniciativa Mayors for Peace, em 1982, a partir da liderança exercida pelo prefeito de Hiroshima, e a realização da primeira International Nuclear Free Zone Local Authorities Conference, em Manchester, em 1984. Nas décadas mais recentes, mobilizações também aconteceram em oposição à intervenção militar dos Estados Unidos no Iraque, lideradas pela Mayors for Peace, ou para oferecer ajuda humanitária a localidades atingidas pela guerra na Ucrânia, lideradas pela SCI.

Por fim, mas não menos importante, é necessário ressaltar que a atuação dos governos subnacionais em prol da prevenção, da mediação e da reconstrução pós-conflito também se estendeu à atuação em países em desenvolvimento, a exemplo do estabelecimento do Peace Prize (Prêmio da Paz) no âmbito da UCLG, amparando-se na Hague Agenda on City Diplomacy de 2008. Nas três edições do prêmio, realizadas em 2016, 2019 e 2022, as municipalidades premiadas, respectivamente, foram: Kauswagan (Filipinas), por buscar soluções para a construção da paz que incluíram aspectos socioeconômicos; Aarsal (Líbano), por embasar a solução de conflitos e sua prevenção em práticas de mediação; e Palmira (Colômbia), pela implementação de abordagem multifacetada de prevenção à violência (UCLG Peace Prize, 2023).

A articulação internacional entre cidades, para além da promoção da paz, também incorporou, ao longo das décadas, a temática do desenvolvimento, no âmbito da cooperação descentralizada. Para além da germinação entre cidades europeias, o fim dos anos 1950, no contexto da descolonização, também marcou o surgimento das primeiras germinações Norte-Sul, envolvendo cidades francesas e africanas.

A emergência e as potencialidades da cooperação descentralizada Norte-Sul não passaram despercebidas pela ONU, como demonstra resolução do Ecosoc de 1967, recomendando que o PNUD considerasse as germinações como mecanismo para a implementação de projetos. Essa resolução foi, inclusive, mencionada pela já referida Resolução de 1971 da Assembleia Geral das Nações Unidas, a qual, igualmente, ressaltou a importância das germinações no contexto da cooperação Norte-Sul em função de suas potencialidades para promover o desenvolvimento material e técnico dos países do Sul, sem comprometer a igualdade entre as partes.

O início dos anos 1970, como já mencionado, havia marcado a emergência das abordagens das Necessidades Humanas Básicas, difundida pelo Banco Mundial e, principalmente, voltada para projetos de desenvolvimento nas áreas rurais, onde a pobreza estava concentrada. No entanto, é importante notar o surgimento de abordagem similar também no âmbito urbano. Um exemplo foi o lançamento, com o apoio da Usaid, de programa de assistência técnica da SCI voltado para a resolução de problemas urbanos básicos em 1977, um ano após a realização da primeira Conferência das Nações Unidas sobre Assentamentos Humanos (Habitat I). A temática ganhou relevância crescente com o rápido crescimento da população urbana em países em desenvolvimento, culminando com a superação global do número de habitantes urbanos, em relação aos rurais, em 2007.

A concentração crescente da pobreza em áreas urbanas, somada à relevância que passou a ser atribuída à qualidade da governança e à descentralização para a promoção do desenvolvimento internacional, ajuda a explicar por que a cooperação descentralizada passou a ser cada vez mais mobilizada por agências de desenvolvimento a partir dos anos 1980 e, particularmente, dos anos 1990.

Entre as prefeituras e as redes de cidades brasileiras, talvez as iniciativas mais conhecidas sejam aquelas patrocinadas pela União Europeia, como o Programa URB-AL de cooperação descentralizada Europa-América Latina, lançado em 1995, e o Projeto AL-LAS (Euro-Latin American Alliance of Cooperation among Cities), lançado em 2013. Segundo levantamento realizado por Acuto e Leffel (2020), entre as organizações públicas que se destacam no apoio a parcerias envolvendo redes de cidades, estão a UN-Habitat, a Unesco e as agências alemã e suíça de cooperação – GIZ e SDC, respectivamente.

O aumento dos recursos internacionais alocados para a cooperação descentralizada, no contexto da emergência das agendas urbana e da

Cooperação internacional

governança na arquitetura da cooperação internacional para o desenvolvimento, certamente compõe o pano de fundo da proliferação de redes de cidades no atual século. Com efeito, estima-se que a maior parte das mais de 300 redes desse tipo tenha surgido a partir da segunda metade dos anos 1990 (Acuto e Leffel, 2020). Embora mais da metade dessas redes sejam nacionais, o crescimento do número de redes internacionais acentuou-se, abrigando uma multiplicidade de configurações, tanto do ponto de vista geográfico quanto do ponto de vista temático. Entre as redes internacionais de cidades, existem as mundiais, como a UCLG e a Metropolis; as redes regionais, como a Eurocidades e a Mercocidades; e as redes inter-regionais, como a AL-LAS, referida no parágrafo anterior, e a CityNet, que abrange a região da Ásia-Pacífico.

No que se refere à distribuição temática das redes, estima-se que a agenda ambiental seja predominante, tendo-se, inclusive, criado redes específicas para lidar com o tema, como International Council for Local Environmental Initiatives (Iclei). Este foi fundado em 1990 durante evento realizado na sede da ONU, o Congresso Mundial de Governos Locais para um Futuro Sustentável. Outro exemplo é o Grupo C40 de Grandes Cidades para a Liderança Climática, fundado em 2005. Cumpre destacar, ainda, a ênfase conferida ao papel das cidades e das regiões na implementação de acordos ambientais assinados entre governos, por diversas instituições internacionais, entre elas, o Painel Intergovernamental sobre Mudanças Climáticas (IPCC).

Assim como a cooperação internacional envolvendo organizações da sociedade civil, a articulação internacional entre cidades e regiões enfrenta uma série de desafios. O primeiro deles diz respeito à duplicação ou à sobreposição de esforços, no contexto da proliferação das redes internacionais de cidades. Tentativas de equacionar esse desafio vêm ocorrendo, tanto a partir da liderança de organizações internacionais – como demonstra a inclusão da cooperação descentralizada, no âmbito de documentos sobre eficácia da ajuda emitidos pela OCDE, como a Declaração de Paris (2005), a Agenda de Ação de Acra (2008) e a Parceria de Busan (2011) – quanto por iniciativas lideradas pelas próprias redes de cidades.

Nesse caso, destaca-se a atuação da Global Taskforce of Local and Regional Governments, que envolve 27 redes regionais e internacionais, lançada em 2013 por iniciativa da UCLG. Entre suas contribuições, está a liderança na construção e na implementação da chamada "Nova Agenda Urbana" – por meio, por exemplo, do envio de propostas à Habitat III e do aprimoramento da representatividade das municipalidades junto à UN-Habitat. Além disso, essa força-tarefa também foi fundamental para promover a participação dos governos subnacionais na construção da Agenda de Ação de Adis Abeba para o financiamento do desenvolvimento sustentável (2015) e na criação de um ODS específico para as cidades – ODS 11, Cidades e Comunidades Sustentáveis.

Um segundo desafio se refere à desigualdade na participação nas redes internacionais de cidades, as quais, em grande medida, baseiam-se em contribuições voluntárias realizadas pelos seus integrantes. Esse desafio relaciona-se ao primeiro, de proliferação de redes com mandatos similares, fazendo com que poucas cidades consigam avaliar quais delas seriam mais adequadas para a realização de suas prioridades.

Nesse contexto, cidades que contam com orçamento maior, em virtude de sua inserção econômica global, conseguem não apenas definir suas prioridades, seja em âmbito multilateral, seja em âmbito bilateral, mas também prover ou buscar aportes financeiros que lhes permitam realizar seus interesses. Aqui, chama-se a atenção para o fato de as organizações do setor privado se constituírem como parceiras frequentes das redes, inclusive no caso daquelas voltadas para o equacionamento de problemas ambientais, o que pode indicar seu uso instrumental para conservar a competitividade internacional de um grupo restrito de localidades, em detrimento das demais.

Independentemente da incidência do setor privado, fato é que a literatura sobre paradiplomacia, de forma diferente da literatura que foca a cooperação descentralizada, tende a destacar a alta competitividade entre as cidades em um mundo globalizado. Nesse sentido, a cooperação descentralizada pode acabar promovendo, por um lado, a projeção de políticas públicas locais como ferramenta de marketing internacional, de modo, por exemplo, a atrair negócios e talentos para determinadas localidades.

Por outro lado, a capacidade de uma municipalidade de se manter a par das inovações gestadas em outros lugares, buscando fortalecer a sua própria governança, é um importante mecanismo de poder no atual século,

Cooperação internacional

permitindo que as localidades respondam, de forma rápida e eficaz, a cenários marcados pela complexidade e por mudanças cada vez mais frequentes, em vista de sua exposição a dinâmicas da globalização. Esse contexto altamente competitivo, obviamente, aprofunda as desigualdades entre cidades, o que, além de levar à proliferação de acordos de curto prazo ou que acabam não sendo devidamente implementados, pode comprometer o que seria um dos princípios basilares das relações entre cidades: a horizontalidade.

Assim, uma das recomendações às municipalidades, em sua interação internacional, seria, além de ter clareza sobre os fundamentos legais do contexto nacional a partir do qual operam, desenhar estratégia que parta de prioridades consensuadas do desenvolvimento local. A reunião de dados sobre atores com conexões internacionais situados na localidade em questão também é imprescindível, incluindo atores locais, como universidades, ONGs e empresas, além de atores de outros países, como migrantes, consulados e empresas multinacionais.

Dessa forma, a estratégia internacional de um governo local pode se amparar em articulações internacionais já existentes, beneficiando-se delas ou ajudando a promovê-las, especialmente em agendas que sejam prioritárias para o desenvolvimento local. Atuar a partir de articulação com outras organizações também se constitui em mecanismo essencial para que a agenda internacional não fique suscetível a flutuações políticas, contribuindo para fortalecer a base de apoio local à cooperação internacional.

Somado a isso, é necessário fortalecer a institucionalidade da cooperação descentralizada no âmbito dos governos locais – com departamentos voltados para a internacionalização e/ou o estabelecimento de cargos ou equipes específicas direcionadas para a cooperação internacional dentro de cada secretaria. O fortalecimento da institucionalidade pode, por seu turno, contribuir para equacionar outro desafio da cooperação descentralizada: o monitoramento e a avaliação dos acordos de cooperação.

O fato de poucas localidades do mundo realizarem essa prática ajuda a explicar a alta concentração de projetos em um grupo restrito de cidades, excluindo aquelas que mais precisariam do apoio da cooperação descentralizada para promover seu desenvolvimento. Além disso, muitas municipalidades dos países do Sul, quando participam de redes, o fazem a partir de iniciativas lideradas por municipalidades do Norte, o que pode acabar restringindo as agendas às práticas e aos interesses destas últimas. Em busca de projeção internacional, e diante do afã das agências financiadoras de demonstrar resultados rápidos, muitas cidades podem acabar se envolvendo em iniciativas que terão pouco impacto sobre o seu desenvolvimento no longo prazo.

Assim, além da busca pela inclusão das cidades na agenda da eficácia da ajuda, já referida, muito tem se falado sobre a necessidade de promover iniciativas de cooperação envolvendo municipalidades do Sul. De fato, as redes internacionais de cidades continuam sendo, em grande medida, um fenômeno europeu, mas redes envolvendo países do Sul têm crescido, em geral, com base na ideia de que seriam mais horizontais e de que suas experiências de gestão seriam mais adequadas à realidade de outros países em desenvolvimento. É nesse contexto, por exemplo, que cidades brasileiras, e suas redes, passaram a se envolver cada vez mais em iniciativas de cooperação descentralizada Sul-Sul. Mesmo no caso chinês, essa modalidade de cooperação vem ganhando tração, a exemplo do projeto South-South and Triangular Cooperation among Maritime-Continental Silk Road Cities for Sustainable Development (2019-2023), executado pela Unidade Especial de Cooperação Sul-Sul da ONU.

UNIVERSIDADES

Entre as contribuições de atores não estatais para a cooperação internacional analisadas neste capítulo, aquelas oriundas das universidades, assim como dos institutos de pesquisa a elas vinculados, talvez sejam as que mais careçam de reflexão sistemática. Trata-se de algo que causa bastante estranhamento, tendo em vista seu papel crucial não só na implementação de projetos, mas também ao realizarem pesquisas que ajudam a definir a atuação dos Estados.

Por um lado, os estudos sobre internacionalização de universidades são possivelmente os mais volumosos e populares entre os diversos campos que se debruçam sobre a interface entre as universidades e as relações internacionais. Em geral, contudo, esses materiais abordam de maneira marginal, quando o fazem, o envolvimento das universidades na cooperação internacional para o desenvolvimento. Por outro lado, estudos específicos sobre as universidades, como atores da cooperação para o desenvolvimento, abordam casos específicos, o que é natural diante da baixa disponibilidade de dados abrangentes e de regulamentações globais sobre o tema.

Esse cenário tem mudado em vista do reconhecimento crescente do papel das universidades da implementação dos ODS, o que tem contribuído para a emergência de iniciativas inéditas, lideradas principalmente pela Unesco, de mapeamento da evolução e do perfil da cooperação direcionada ao fortalecimento do ensino superior em países em desenvolvimento. Assim, é possível que, finalmente, esteja sendo pavimentado o caminho para aferir os impactos dessa modalidade de cooperação de maneira mais sistemática.

Assim como no caso das organizações da sociedade civil e dos governos subnacionais, uma adequada contextualização do papel das universidades na agenda da cooperação para o desenvolvimento requer que se analisem, antes, configurações históricas sobre suas interações internacionais.

Um primeiro aspecto que deve ser observado diz respeito à evolução das redes transnacionais envolvendo cientistas. A princípio, essas redes se desenvolveram, informalmente, a partir de cartas trocadas entre indivíduos que realizavam, muitas vezes com o apoio de patronos, experimentos nas ciências naturais e exatas, de modo a expor suas descobertas e a se familiarizar com aquelas realizadas por indivíduos localizados em outros países. Essas trocas, que evoluíram para a realização de encontros esporádicos, contribuíram para difundir um dos pilares centrais do *ethos* científico, com base na verificação dos fatos, e não em suposições a respeito deles.

Aos poucos, as redes entre cientistas começaram a ganhar maior institucionalidade, sendo um de seus marcos o estabelecimento, no século XVII, de associações científicas. Entre elas, estavam a Accademia del Cimento, a primeira da Europa, criada em Florença em 1656 sob financiamento do príncipe Leopoldo, mas extinta 10 anos depois; a Royal Society, estabelecida em Londres em 1661, a partir de decreto real emitido por Carlos II, tida como a organização dessa espécie, entre as existentes atualmente, mais antiga do mundo; e a Académie des Sciences, fundada por Luís XIV, em Paris, em 1666.

Associações como essas foram importantes, entre diversas razões, pelo lançamento de periódicos científicos, embora a princípio seu propósito não fosse, necessariamente, divulgar novos conhecimentos, mas acompanhar, sintetizar e divulgar pesquisas que estavam ocorrendo em diversas partes da Europa.

As interações internacionais envolvendo cientistas, contudo, não se restringiam apenas a dinâmicas que se desenrolaram dentro da Europa. Como é amplamente conhecido, várias expedições a outros territórios aconteceram ao longo dos séculos. Por meio delas, buscou-se mapear, classificar e analisar materiais relacionados à flora, à fauna ou a aspectos geológicos, esforços que resultaram em avanços científicos na Europa, além de terem influenciado a própria evolução dos empreendimentos coloniais ao contribuírem, por exemplo, para identificar oportunidades de comércio.

A primeira expedição teria ocorrido já na primeira metade do século XVI, com as incursões do espanhol Gonzalo Fernández de Oviedo ao Novo Mundo. Nos séculos seguintes, a prática ampliou-se, tanto em termos de países de origem dos expedicionários quanto em relação aos territórios de destino, sendo as mais conhecidas as expedições realizadas, no século XIX, pelo alemão Alexander von Humboldt e pelo inglês Charles Darwin.

O século XIX também é importante para o entendimento da configuração das interações internacionais envolvendo cientistas por outras razões. Nesse período, a atividade científica difundiu-se para além da Europa Ocidental, mas sempre em interação com essa região. Casos emblemáticos incluem o dos Estados Unidos, cujos cientistas buscaram aprofundar sua formação na França e na Alemanha; e o do Japão da Era Meiji, que por meio de forte incentivo governamental, além de enviar centenas de estudantes para formação no exterior, passou a contratar professores europeus e americanos para ensinar nas universidades japonesas.

Ao mesmo tempo, ainda que seguissem os padrões científicos desenvolvidos na Europa Ocidental e que procurassem o reconhecimento de sociedades e periódicos dessa região, cientistas de outras partes do mundo passaram a buscar sua independência, sendo um de seus baluartes a criação da National Academy of Sciences, aprovada pelo Congresso dos Estados Unidos em 1863. O impulso para essa busca era, sem dúvida, o nacionalismo, que teve eco em outros lugares, com reivindicações como aquelas realizadas pelo venezuelano Andrés Bello, clamando por maior *status* à ciência sul-americana, a qual não deveria se ocupar apenas da geração de dados para alimentar a ciência europeia.

O período do chamado "nacionalismo científico", na verdade, havia tido origem na Europa Ocidental, na qual se consolidou e a partir de onde se difundiu o processo de profissionalização da ciência na segunda metade do século XIX. Com o amparo de financiamento público, prática inaugurada na França, os cientistas passariam a atuar como empregados em universidades e institutos, conduzindo cada vez mais pesquisas com aplicação prática e protegidas por patentes. Se, por um lado, o segredo ia de encontro ao princípio da abertura da ciência, impedindo seu compartilhamento inclusive no âmbito internacional, por outro, alimentaria o avanço tecnológico de alguns países e, consequentemente, sua competitividade internacional.

Essa faceta ficou bastante clara no século XX, em que a ciência passaria cada vez mais a ser entendida como instrumento de poder, ao alimentar as capacidades militares dos países envolvidos nas grandes guerras. Ao mesmo tempo que os Estados buscavam identificar pesquisadores e conhecimentos produzidos em outras localidades para alimentar o avanço de seus próprios programas militares, por meio de redes de cooperação, da promoção da migração de cérebros ou de atividades de espionagem, o compartilhamento de seus avanços com outros países deveria ser objeto de restrições. O caso emblemático, que será abordado no capítulo "Temas", é o do Projeto Manhattan, iniciativa que levou ao desenvolvimento da bomba atômica nos Estados Unidos a partir de equipe composta por cientistas de diversos lugares, proibindo-se, naquele momento e no período subsequente, a difusão dos conhecimentos e das tecnologias desenvolvidas.

Porém, rapidamente ficou claro que diversas tecnologias desenvolvidas no âmbito dos esforços militares, como a computação e a energia nuclear, poderiam também ser utilizadas no âmbito civil, alimentando o crescimento econômico e o bem-estar social. Foi com base nesse raciocínio que o presidente Roosevelt solicitou ao então diretor do Office of Scientific Research and Development, Vannevar Bush, que presidisse uma comissão para realizar recomendações sobre como direcionar os esforços científicos e tecnológicos realizados durante a guerra para melhorar as condições econômicas e sociais nos Estados Unidos.

O relatório final da comissão, lançado em 1945 sob o título *Science, the Endless Frontier*, acabou contemplando não apenas tal dimensão, mas também apontando e justificando a necessidade de seguir fomentando o avanço tecnológico militar mesmo em tempos de paz. A conjunção de ambas as dimensões lançou as bases para dar continuidade ao financiamento público à ciência, abrindo caminho para a expansão do número de cientistas, orçamentos e instituições de pesquisa ao longo das décadas seguintes nos Estados Unidos, o que também aconteceu em outras partes do mundo.

Embora boa parte do restante do século XX ainda tenha sido marcada pelo nacionalismo científico, devem-se realizar algumas ponderações às restrições estatais ao compartilhamento internacional de conhecimentos e de recursos científicos. Em primeiro lugar, diante do alto custo de alguns empreendimentos – os chamados projetos de *big science* ou *mega science* –, formaram-se consórcios internacionais de cofinanciamento. O caso mais conhecido é o da Organização Europeia para a Pesquisa Nuclear (Cern, sigla para seu nome original, Conseil Européenn pour la Recherche Nucléaire), no âmbito do qual teve início a operação do maior acelerador de partículas do mundo, o Large Hadron Collider, em 2008.

Criado na Suíça em 1954, o Cern foi concebido, inicialmente, como forma de conter a fuga de cérebros da Europa para os Estados Unidos e de construir a paz na Europa. Aqui, mais uma vez, o raciocínio funcionalista se impunha, entendendo-se que a cooperação entre os Estados dependeria da construção de redes transnacionais envolvendo seus cidadãos. A ciência seria uma ferramenta fundamental para isso, dados o princípio do universalismo do método investigativo e os laços de identidade desenvolvidos entre pesquisadores situados em universidades e institutos de pesquisa de países distintos.

Outras iniciativas emblemáticas da cooperação internacional em *big science* incluem o VLT (Very Large Telescope), instalação do Observatório Europeu do Sul (ESO) no deserto do Atacama; o Projeto do Genoma Humano, considerado o maior projeto colaborativo mundial no âmbito das ciências biológicas; e o Sesame, acelerador de partículas construído na Jordânia em 2017, sob o patrocínio da Unesco, que envolve parceria entre nove países situados no Oriente Médio (Bahrein, Chipre, Egito, Irã, Israel, Jordânia, Paquistão, Palestina e Turquia) e tem como um de seus objetivos cruciais promover a paz na região.

Em segundo lugar, é preciso retomar o papel das dinâmicas que se desenrolaram a partir do quarto ponto do discurso de posse de Truman, que, como vimos na seção "Norte-Sul" do capítulo anterior, insistiu na necessidade de patrocinar o compartilhamento científico e tecnológico dos Estados Unidos, a fim de promover o desenvolvimento internacional e buscar aliados durante a Guerra Fria. Um dos países beneficiados foi o Brasil, a exemplo da assinatura, nos anos 1960, de um acordo entre a Usaid e a Universidade de Michigan, que apoiou o então recém-criado programa de graduação em Engenharia Mecânica no Instituto Tecnológico da Aeronáutica (ITA).

De modo geral, a cooperação com os Estados Unidos, assim como com países europeus, como a Alemanha e a França, havia se tornado importante para o estabelecimento de diversas universidades no Brasil, desde a primeira metade do século XX, e de programas de pós-graduação em áreas específicas, na segunda metade. Entre as várias modalidades de cooperação estabelecidas, estava a concessão de bolsas de estudos oferecidas por governos de países desenvolvidos a brasileiros. Além disso, o governo brasileiro também passou a oferecer bolsas de estudos para nacionais de outros países em desenvolvimento já em 1965, com a criação do Programa de Estudantes-Convênio de Graduação (PEC-G).

Dados publicados pela Unesco indicam que os desembolsos realizados com bolsas de estudo, e outros gastos indiretos relacionados aos estudantes contemplados por elas (os chamados *imputed student costs*), representariam a maior parte dos gastos globais da cooperação para o desenvolvimento destinados à educação terciária. Adicionalmente, destaca-se que os países que mais recebem esses recursos são aqueles de renda média, sendo que China e Índia, respectivamente, encabeçavam a lista de acordo com dados referentes ao ano de 2019. Já a lista dos maiores doadores da ajuda para o setor terciário era liderada, de longe, pela Alemanha, seguida de França, Japão, Turquia, Estados Unidos, Arábia Saudita, Reino Unido, Áustria, Polônia e Coreia do Sul (Unesco, 2022).

Boa parte da literatura chama a atenção para o fato de que as bolsas de estudos para nacionais de países em desenvolvimento, incentivadas de maneira explícita pela meta 4.b do ODS 4 (Educação de Qualidade), dizem respeito a recursos que não saem efetivamente dos países doadores. Além disso, essa modalidade de cooperação estaria associada aos interesses dos últimos, no sentido de promover a atração de cérebros ou de alimentar mecanismos de *soft power* ligados à formação de elites dos países de origem dos estudantes para que desenvolvam propensão positivas em relação ao país onde se formaram. Se o objetivo fosse realmente promover o desenvolvimento dos países beneficiários, o foco deveria ser nos estudantes dos países mais necessitados, motivo pelo qual outras modalidades de cooperação, como o apoio à criação e ao fortalecimento das universidades e da educação técnica nos países de origem dos estudantes, poderiam ser mais eficazes.

Diversas iniciativas públicas e privadas têm se proposto a ir nessa direção. Elas incluem, no âmbito Norte-Sul, o programa britânico intitulado Strategic Partnerships for Higher Education Innovation and Reform (2016-2022), que ofereceu treinamento a quase 4,5 mil acadêmicos e técnicos de universidades da África Subsaariana, da Ásia e do Oriente Médio em áreas como reforma curricular, gênero e ensino a distância; e a Partnership for Higher Education in Africa, que teve início em 2000, liderada por fundações estadunidenses, com o intuito não apenas de aprimorar a formação acadêmica no continente, mas também de buscar mecanismos para reter os jovens formados.

No âmbito Sul-Sul, um exemplo liderado por atores públicos é o acordo de cooperação firmado em 2023 entre o governo brasileiro e o governo do Timor-Leste, amparando seguimento de parceria que envolve a Universidade Federal de Santa Catarina, desde 2009, por meio da criação de um mestrado em Educação na Universidade Nacional Timor Lorosa'e.

Já no âmbito privado, o caso de cooperação mais conhecido envolvendo o Brasil não é ligado a universidades, mas ao ensino técnico e vocacional. Este, nas práticas globais de ajuda ao ensino terciário, diferentemente das bolsas de estudos, ainda se encontra pouco representado, apesar de seus impactos comprovados sobre o desenvolvimento dos países.

Nesse sentido, cumpre destacar o papel do Serviço Nacional de Aprendizagem Industrial (Senai) no apoio ao estabelecimento de centros de capacitação em diversas localidades do Sul Global entre 1999 e 2012: Cazenga (Angola), Becora (Timor-Leste), Hernandarias (Paraguai), Praia (Cabo Verde), Bissau (Guiné-Bissau), Huehuetenango (Guatemala). Embora essas iniciativas tenham sido patrocinadas por recursos públicos, por meio de parceria com a Agência Brasileira de Cooperação (ABC), também há casos de atuação do Senai que envolveram financiamento privado, como o estabelecimento do Centro Integrado de Formação Tecnológica (Cinfotec) em Luanda, em 2008, envolvendo parceria entre o Senai-Bahia e a Odebrecht.

Apesar de estimativas apontarem que a ajuda ao ensino terciário tenha dobrado ao longo das duas últimas décadas, o fato de ela ainda representar parcela ínfima da cooperação para o desenvolvimento tem levado a questionamentos sobre por que isso ocorre. Em especial, aponta-se a relação histórica com os desincentivos que se criaram, a partir da década de 1970, à ajuda ao ensino superior, devido à emergência da abordagem das Necessidades Humanas Básicas.

Assim, entendia-se que investimentos na educação básica teriam impacto maior sobre o crescimento econômico, embora cálculos mais recentes tenham revisto as estimativas. O próprio Banco Mundial, organização que difundiu a referida abordagem, não apenas passou a reconhecer o papel do apoio ao ensino superior no fomento à chamada "economia do conhecimento", como também se tornou a maior agência financiadora global de iniciativas dessa espécie.

Deve-se considerar, porém, que o esforço para metrificar a ajuda ao ensino superior de maneira mais estruturada ainda é recente, de modo que é possível que os próprios países doadores não declarem diversos tipos de financiamento, como aqueles destinados ao fomento das redes

Atores não estatais

científicas internacionais que envolvam países do Sul Global. Estas têm crescido ao longo das últimas décadas, tanto no contexto do pós-Guerra Fria, em que o nacionalismo científico teria deixado de ser fenômeno relevante, quanto no contexto das disputas científico-tecnológicas resultantes da emergência da China.

Entretanto, o real impacto da maior participação do Sul Global nas redes de cooperação científica sobre seu desenvolvimento ainda carece de reflexão sistemática. Uma das condições para que os impactos sejam positivos é que os cientistas cooperantes do Sul estejam direta ou indiretamente conectados à resolução de problemas locais. Se isso não acontece, e se as redes de pesquisa envolvem países com sistemas de inovação com graus distintos de amadurecimento, elas podem acabar se transformando em veículos para a fuga de jovens talentos, impactando negativamente o desenvolvimento de seus países de origem.

Temas

Este capítulo busca dar maior concretude ao entendimento sobre a cooperação internacional por meio da análise de quatro casos: o da cooperação nuclear; o da cooperação alimentar; o da cooperação ambiental; e o da cooperação em saúde. A participação do Brasil nessas quatro agendas também será objeto de maior detalhamento.

Ao nos aproximarmos desses objetos, ficará claro que, a despeito de à primeira vista serem temas que envolvem a interdependência e a oferta de bens públicos globais, as decisões sobre em que agendas avançar e quando fazê-lo possuem caráter político. Isso significa que, embora envolva agendas técnicas, a cooperação internacional nos quatro temas abordados não pode ser dissociada da distribuição de poder internacional e de dinâmicas domésticas e transnacionais que influenciam a distribuição de custos e benefícios entre as partes, direta ou indiretamente, envolvidas nas negociações.

COOPERAÇÃO NUCLEAR

O caso nuclear é interessante de ser abordado porque engloba a esfera em que se buscou, a partir da liderança dos Estados Unidos, impedir, restringir ou redirecionar a colaboração internacional envolvendo

Cooperação internacional

indivíduos ou instituições que detivessem conhecimentos sobre materiais físseis – desde sua exploração até seu processamento e sua utilização para fins civis ou militares.

Por um lado, essa atuação se baseou no princípio da não proliferação nuclear, provendo-se, à comunidade internacional, bens públicos associados à segurança e à paz, o que encontra amparo em vertentes liberais da cooperação internacional. Por outro, não é possível dissociar a cooperação nuclear de interesses políticos e econômicos dos Estados Unidos e de outras potências. Nesse sentido, sendo a cooperação usada como instrumento para promover esses interesses, não é possível entendê-la como oposto de competição, pois por meio da colaboração se buscou promover a competitividade *vis-à-vis* os próprios países parceiros, como será demonstrado em seguida.

Com o avanço do Projeto Manhattan, que culminou com o primeiro teste de explosão da bomba atômica em 1945, o governo americano acreditava, a princípio, que seria possível impedir o acesso de outros países a insumos e tecnologias nucleares. Uma primeira frente nessa direção foi promover acordos de cooperação com os principais fornecedores de materiais físseis, como urânio e tório, de modo a obter controle sobre seu acesso e sobre sua comercialização. Um exemplo foi o acordo secreto assinado com o Brasil em 1945, que regulou a venda da monazita brasileira (de onde se extrai o tório) para os Estados Unidos e proibiu sua exportação para terceiros, exceto quando autorizada pelos norte-americanos.

Em troca, interessava ao Brasil acessar conhecimentos especializados que permitissem mapear novas minas e avançar na produção de materiais físseis. O objetivo de negociar a venda de materiais físseis em troca do acesso a tecnologias ganhou fôlego com uma proposta para o desenvolvimento nuclear no Brasil, apresentada ao Conselho Nacional de Segurança (CSN), em 1946, pelo almirante Álvaro Alberto, então representante brasileiro junto à Comissão de Energia Atômica das Nações Unidas. No entanto, no mesmo ano, o Congresso dos Estados Unidos aprovou o Atomic Energy Act, proibindo o compartilhamento de informações sobre quaisquer atividades relacionadas ao ciclo de produção e uso da energia atômica.

Devido a diversos fatores, sendo os mais visíveis os primeiros testes nucleares realizados pela União Soviética, em agosto de 1949, e pelo Reino

Unido, em outubro de 1952, o governo americano percebeu que não seria possível impedir a circulação internacional de conhecimentos na seara. Desse modo, nos anos 1950, o Atomic Energy Act foi revisado para autorizar a cooperação com "países amigos" que tivessem realizado avanços substantivos em seus programas nucleares. Essa revisão abriu caminho, por exemplo, para que fosse estabelecida parceria com os britânicos que, insatisfeitos com a restrição estabelecida pela lei de 1946, haviam lançado seu próprio programa nuclear e avançado no desenvolvimento de tecnologias não inteiramente dominadas pelos norte-americanos, principalmente relacionadas ao desenvolvimento da bomba de hidrogênio.

Assim, a partir da segunda metade dos anos 1950, a cooperação nuclear seria promovida não apenas para permitir que os Estados Unidos acessassem conhecimentos produzidos em outros países a fim de se manterem na liderança tecnológica nuclear, mas também para se informar sobre possíveis avanços que pudessem prejudicar sua segurança. Talvez a iniciativa mais ambiciosa tenha sido a que se desenrolou a partir do discurso de Eisenhower na Assembleia Geral da ONU, em dezembro de 1953.

Nessa ocasião, o então presidente dos Estados Unidos, reconhecendo que não seria possível manter em segredo os conhecimentos sobre a bomba nuclear, disse que enviaria ao Congresso americano uma proposta para promover a colaboração internacional sobre o uso pacífico das tecnologias nucleares. Essa iniciativa, que ficou conhecida como "Atoms for Peace", resultou na assinatura de dezenas de acordos de cooperação, voltados para o compartilhamento de informações sobre a construção de reatores nucleares, envolvendo a Comissão de Energia Atômica dos Estados Unidos e diversos países, entre eles, fornecedores de urânio relevantes, como o Brasil.

Uma das peças centrais da iniciativa era promover aproximação com a União Soviética, pois, havia anos, o contato entre cientistas desse país e aqueles do bloco ocidental tinha sido interrompido, o que limitava o acesso a informações sobre seu programa nuclear. Em parte, esse processo foi revertido com a realização, em Genebra, da Primeira Conferência Internacional sobre os Usos Pacíficos da Energia Atômica (1955), também conhecida como Atoms for Peace Conference. Presidida pelo físico nuclear indiano Homi Bhabha, o evento contou com participação de

Cooperação internacional

77 países, sendo as delegações mais numerosas, respectivamente, a dos Estados Unidos, do Reino Unido e da União Soviética.

Além de ter promovido o fluxo de informações sobre o programa nuclear soviético, permitindo que os Estados Unidos detectassem suas próprias deficiências, a conferência foi uma vitrine para a disseminação de informações sobre os reatores nucleares norte-americanos movidos à água pressurizada, bem como sobre aplicações da tecnologia nuclear em áreas como biomedicina e agricultura. Com isso, abriu-se caminho para promover operações comerciais, financiadas pelo Banco de Exportações e Importações dos Estados Unidos (EximBank), que resultariam no monopólio mundial do comércio de reatores por duas empresas americanas, a Westinghouse e a General Electric, e na dependência de urânio enriquecido oferecido pelos Estados Unidos.

Permitiu-se, assim, que o governo estadunidense controlasse as quantidades fornecidas do insumo e o tipo de tecnologia que seria compartilhada, a exemplo do acordo que possibilitou o início da construção do primeiro reator nuclear no Brasil (Angra I), em 1971. Por meio de operação com a Westinghouse, garantiu-se a compra de um reator à água pressurizada, bem como o acesso ao urânio enriquecido norte-americano, ao mesmo tempo que foi vetado o acesso a tecnologias de enriquecimento e de reprocessamento do insumo. Paralelamente, freou-se o avanço de concorrentes europeus, cuja tecnologia pudesse favorecer maior autonomia dos compradores em virtude de sua operação se basear em urânio natural.

Como havia sido defendido no discurso de Eisenhower, a colaboração nuclear só poderia ser promovida de forma segura com a criação de uma organização internacional voltada para regular e supervisionar o uso pacífico da energia atômica. Durante a I Conferência Internacional sobre os Usos Pacíficos da Energia Atômica, delegados de diversas partes do mundo se convenceram de que tal organização seria não só viável, mas também necessária. Isso porque acreditavam que, por meio dela, poderiam seguir trocando conhecimentos e recuperar sua legitimidade diante da comunidade internacional, abalada pelo uso da ciência para a produção das bombas nucleares. Assim, pavimentou-se o caminho para a criação da Agência Internacional de Energia Atômica (Aiea), no âmbito da ONU, em 1957.

Temas

A atuação da Aiea, contudo, não foi suficiente para impedir a proliferação nuclear. Na primeira metade dos anos 1960, o grupo de países nuclearizados expandiu-se com a realização das primeiras explosões pela França e pela China, mas o acesso a tecnologias físseis não se restringiu a eles. Desenvolvida originalmente na União Soviética por equipe integrada por prisioneiros de guerra alemães, a tecnologia das centrífugas de enriquecimento de urânio era relativamente simples. Passou, assim, a ser objeto de interesse de europeus, que buscavam desafiar o monopólio ocidental dos Estados Unidos nas operações de venda de reatores e no fornecimento de urânio enriquecido.

Esse era o caso da Alemanha Ocidental, cujos reatores passaram a despertar cada vez mais o interesse dos países do então Terceiro Mundo, principalmente no contexto do primeiro choque do petróleo. A Alemanha era um dos países europeus com os quais o Brasil buscava cooperar, no âmbito nuclear, desde os anos 1950. No entanto, o governo americano, por meio de incentivos e ameaças ao Brasil e a possíveis parceiros, impediu que uma série de planos de cooperação fossem implementados ao longo das décadas.

Além disso, os Estados Unidos patrocinavam uma série de acordos que buscavam limitar a liberdade dos países de desenvolver e de compartilhar tecnologias nucleares. O mais conhecido é o Tratado de Não Proliferação de Armas Nucleares (TNP), assinado em 1968, que buscou congelar o poder nuclear mundial ao impedir que países que não tivessem realizado explosões nucleares antes de 1º de janeiro de 1967 fabricassem ou recebessem explosivos nucleares, determinando, ainda, que se submetessem a inspeções regulares da Aiea. O Brasil foi um dos países que mais se opuseram ao tratado, mas a Alemanha Ocidental, ainda que o tenha ratificado apenas em 1975, havia sido cossignatária, junto aos Países Baixos e ao Reino Unido, do Tratado de Almelo (1970).

O Tratado de Almelo criou o Grupo Urenco, consórcio de produção de combustível nuclear que impediu o compartilhamento de tecnologias de centrífugas de enriquecimento de urânio a gás. Novas limitações foram estabelecidas em 1974, após o teste nucelar indiano, entre elas, a interrupção do suprimento de urânio enriquecido dos Estados Unidos para o Brasil e a criação do Nuclear Suppliers Group, por meio de acordo assinado

89

Cooperação internacional

inicialmente entre sete países (Alemanha, Canadá, Estados Unidos, França, Japão, Reino Unido e União Soviética). Com isso, alargaram-se as restrições a operações comerciais envolvendo insumos e tecnologias nucleares.

Nesse contexto, o ambicioso acordo entre Alemanha e Brasil, que começou a ser negociado em 1974, o qual prometia, finalmente, garantir o acesso do último país a todo o ciclo de enriquecimento do urânio, acabou resultando não apenas no codesenvolvimento fracassado de uma tecnologia cara e de efetividade duvidosa – baseada no enriquecimento de urânio por jato centrífugo –, mas também em salvaguardas da Aiea mais restritivas que aquelas previstas pelo TNP. Assim, no fim de 1970, o Brasil deu início a um programa secreto, sem envolver formalmente outros cooperantes, que levou ao domínio da tecnologia de centrífugas, revelado em 1987.

Mesmo após a ratificação do TNP pelo Brasil, em 1998, o país seguiu promovendo acordos de cooperação para o uso pacífico da energia atômica. Dois casos se destacam. O primeiro diz respeito ao acordo com a França, lançado em 2008, no âmbito do Programa de Desenvolvimento de Submarinos (Prosub) da Marinha brasileira. A França era um dos países com os quais o Brasil havia buscado realizar acordos de cooperação no âmbito nuclear desde os anos 1950. Assim como a Alemanha, sofria restrições à possibilidade de transferir conhecimentos para terceiros. Isso freou, por exemplo, a cooperação voltada para a avaliação de depósitos de minerais radioativos em Poços de Caldas, interrompida com a demissão de Álvaro Alberto da presidência do Conselho Nacional de Desenvolvimento Científico e Tecnológico (CNPq), mas recuperada nos anos 1960.

Nos anos 1970, a preocupação dos Estados Unidos se direcionou à cooperação Alemanha-Brasil e, no caso da França, a negociações para a venda de reatores ao Paquistão. Em relação ao acordo assinado em 2008, a intenção era de que o Brasil se beneficiasse da experiência francesa de produção de submarinos, mas sem que se previsse cooperação no componente nuclear. Aqui, as pesquisas deveriam basear-se no acúmulo de conhecimentos da Marinha, a qual havia se tornado o ator central na produção de ultracentrífugas para enriquecimento de urânio nos anos 1980, evoluindo para pesquisas voltadas para a construção de um submarino movido à propulsão nuclear. Ainda que não esteja prevista cooperação com a França na seara, o Brasil pode ver sua atuação restrita pelo regime nuclear internacional, cujas implicações ainda não estão claras, dado o caráter vago das normativas referentes à propulsão nuclear de submarinos.

Um segundo acordo de cooperação que merece ser mencionado diz respeito à parceria com a argentina Invap, de 2013, para a construção do projeto básico do Reator Multipropósito Brasileiro, voltado para a medicina nuclear. A Argentina, assim como o Brasil, havia buscado desenvolver um programa nuclear autônomo desde os anos 1950. Apesar do histórico de rivalidade entre os dois países, eles possuíam interesses comuns, em vista de ocuparem posição semelhante nas relações nucleares internacionais, como demonstram a recusa inicial de ambos em aderir ao TNP e as restrições internacionais que sofriam ao acesso a determinadas tecnologias.

Após o teste nuclear indiano, Argentina e Brasil se aproximaram, a fim de promover a troca de conhecimentos e de experiências no âmbito nuclear, o que a princípio não parece ter avançado, em razão das disputas bilaterais em torno das hidrelétricas de Corpus e Itaipu. Os Estados Unidos passaram, então, a promover a cooperação entre os dois países sul-americanos, sugerindo o estabelecimento de um mecanismo de salvaguardas mútuas, o qual foi finalmente concretizado, após diversos acordos assinados a partir de 1980, com a criação da Agência Brasileiro-Argentina de Contabilidade e Controle de Materiais Nucleares (ABACC) em 1991.

**Quadro 5 – Atos bilaterais entre Brasil e Argentina
que antecederam a inauguração da ABACC.**

Ato (data de assinatura)	Relevância
Acordo de Cooperação para o Desenvolvimento e a Aplicação dos Usos Pacíficos da Energia Nuclear (17/5/1980)	Lançou as bases para o conhecimento recíproco dos programas nucleares.
Declaração de Iguaçu (29/11/1985)	Assinada pelos então presidentes José Sarney e Raúl Alfonsín, reconheceu o papel da ciência e da tecnologia nucleares para o desenvolvimento econômico e social de ambos os países.
Declaração Conjunta sobre Política Nuclear (30/11/1985)	Criação de grupo de trabalho para promover o desenvolvimento tecnológico nuclear para fins pacíficos.

Cooperação internacional

Declaração Conjunta sobre Política Nuclear (10/12/1986)	Intenção de intensificar cooperação na área nuclear, por meio do intercâmbio de consultas e informações.
Declaração de Viedma (17/7/1987)	Assinada durante visita de Sarney a instalações que abrigavam pesquisas de enriquecimento de urânio na Argentina, levantou possibilidade de cooperação técnica entre as indústrias nucleares dos dois países.
Declaração de Iperó (8/4/1988)	Assinada durante visita de Alfonsín ao Centro Experimental Aramar, criou o Comitê Permanente sobre Política Nuclear.
Comunicado de Buenos Aires (6/7/1990)	Os então presidentes Fernando Collor e Carlos Menem afirmaram a importância dos programas nucleares dos dois países e apontaram a necessidade de aprofundamento da cooperação nuclear bilateral.
Declaração de Política Nuclear Comum (28/11/1990)	Aprovação do Sistema Comum de Contabilidade e Controle de Materiais Nucleares (SCCC). Início das negociações com a Aiea para acordo conjunto de salvaguardas baseadas nesse sistema.
Acordo Bilateral para o Uso Exclusivamente Pacífico de Energia Nuclear (18/6/1991)	Criação da Agência Brasileiro-Argentina de Contabilidade e Controle de Materiais Nucleares (ABACC), que ficaria a cargo da aplicação e administração do SCCC.
Acordo Quadripartite entre Argentina, Brasil, ABACC e Aiea (13/12/1991)	Consolidou o sistema de salvaguardas em vigor entre os dois países.

Fonte: Disponível em: <https://www.abacc.org.br/a-abacc/historia>. Acesso em: 10 nov. 2023.

Um último ponto que merece ser desenvolvido, nesta seção, diz respeito aos esforços dos Estados Unidos, desde os anos 1960, de promover parcerias científico-tecnológicas com países interessados no desenvolvimento de bombas nucleares em áreas que não ameaçassem a segurança internacional. Com base na ideia de que o objetivo final desses países não seria a bomba em si, mas, por meio dela, afirmarem-se como potências tecnológicas, o governo americano patrocinou uma série de iniciativas de cooperação em outras áreas, a fim de demonstrar apoio simbólico a tal desejo.

Baluartes dessa política de "desarmamento positivo" foram os acordos de cooperação envolvendo a Nasa, agência espacial dos Estados Unidos,

Temas

que já nasceu, em 1958, com mandato para promover a cooperação internacional envolvendo fins pacíficos. Projetos como os desenvolvidos pela Nasa em parceria com a Alemanha, nos anos 1960, e com a Índia, nos anos 1970, tinham como um de seus objetivos promover o prestígio tecnológico desses países, o que, eventualmente, poderia contribuir para reduzir seus esforços no âmbito nuclear.

De maneira similar, podem guardar relação com essa política de "desarmamento positivo" iniciativas de cooperação lideradas ou apoiadas pelos Estados Unidos, com o intuito de construir a imagem do Brasil como potência tecnológica agrícola. Isso ocorreu, por exemplo, por meio do apoio à criação da Empresa Brasileira de Pesquisa Agropecuária (Embrapa), cuja trajetória de envolvimento na cooperação internacional será um dos tópicos da próxima seção.

COOPERAÇÃO ALIMENTAR

Quem se oporia a iniciativas de cooperação voltadas para sanar o problema da fome em outros países? Entre todas as modalidades de cooperação, talvez esta seja a que enfrente menos resistência por parte dos contribuintes. Ainda assim, isso não significa que não existam interesses envolvidos ou críticas à forma como a cooperação alimentar acontece. Graças a elas, muito se evoluiu entre as primeiras iniciativas, direcionadas para lidar com o aspecto emergencial da fome – por meio da doação de alimentos – e iniciativas de cunho estruturante, voltadas para a construção de capacidades que confiram aos países em situação de insegurança alimentar e nutricional autonomia na construção de políticas eficazes de produção e distribuição de alimentos.

Nesse sentido, a expressão "cooperação alimentar", ou "assistência alimentar", abrange inúmeras formas de entrega. Elas englobam desde a doação direta ou indireta de alimentos ou o apoio orçamentário para que a operação de compra ocorra de outra maneira – por exemplo, por meio da compra de alimentos no próprio país atingido por uma calamidade ou de países vizinhos – até intervenções setoriais voltadas para o desenvolvimento rural, como aquelas promovidas pelo Banco Mundial a partir dos anos 1970.

Um dos marcos da cooperação alimentar, considerado como tal por ter influenciado políticas subsequentes lançadas por outros governos e a própria criação do Programa Mundial de Alimentos das Nações Unidas (WFP, na sigla em inglês), em 1961, foi o Food for Peace, programa implementado nos Estados Unidos a partir do governo de Eisenhower. Com ele, as iniciativas de ajuda alimentar estadunidenses, até então realizadas de maneira esporádica e informal em situações de crises humanitárias, ganharam institucionalidade pela aprovação da Public Law 480 (PL 480), em 1954.

Uma ampla base de apoio interna, composta tanto por organizações da sociedade civil quanto pelo setor privado, garantiu a implementação e a continuidade do programa ao longo das décadas. As primeiras se tornaram as gestoras principais das iniciativas de ajuda alimentar dos Estados Unidos, ao passo que grandes produtores norte-americanos de *commodities* beneficiaram-se delas ao garantir o escoamento de seus excedentes de produção.

A partir da administração de Lyndon Johnson, mais especificamente com a aprovação de uma nova lei em 1966 (PL 89-808), o governo dos Estados Unidos passaria a inserir condicionalidades na cooperação alimentar, no sentido de angariar compromissos, dos "países amigos" contemplados pelas doações, com a construção de políticas eficazes de produção, armazenamento e distribuição de alimentos.

Na década de 1960, transformações globais relevantes relacionadas à cooperação internacional para o combate à fome estavam ocorrendo. Um dos marcos nessa direção foi o lançamento da campanha "Freedom from Hunger", em 1960, pela Organização das Nações Unidas para Alimentação e Agricultura (FAO, na sigla em inglês).

Por um lado, a campanha buscou promover a conscientização global em torno do tema da fome e da desnutrição, enquadrando-o como ameaça à paz, na esteira das normativas estadunidenses e da busca de fortalecimento da liderança dos Estados Unidos no contexto da Guerra Fria. Um dos resultados desse pilar da campanha foi a criação de comitês e ONGs, em diversos países europeus, destinados a atuar em iniciativas de cooperação para o combate à fome no mundo.

Temas

Por outro lado, a campanha buscou identificar soluções para esse problema, que afetava mais da metade da população mundial, de modo a lidar com o desafio de a produção de alimentos não crescer na velocidade demandada pelo alargamento da população nos países em desenvolvimento.

Com base na experiência europeia, onde a erradicação da fome teria sido possível graças ao progresso técnico, científico e tecnológico, uma das soluções seria incentivar a cooperação destinada ao fomento à pesquisa agrícola. Ator central nessa seara, a Fundação Rockefeller já havia começado, nas décadas anteriores, a patrocinar iniciativas que seriam explicitamente enquadradas, a partir de 1968, na chamada "Revolução Verde".

Um dos marcos históricos da atuação da fundação, no âmbito Norte-Sul, foi o apoio a pesquisas lideradas pelo cientista norte-americano Norman Borlaug na década de 1940, que levaram ao aumento da produção de milho e trigo no México, a partir do desenvolvimento de novas variedades de sementes. Na década de 1960, a experiência foi difundida para outros países em desenvolvimento, levando à indicação de Borlaug, em 1970, ao Prêmio Nobel da Paz.

Foi também a Fundação Rockefeller que passou a organizar encontros internacionais entre agrônomos, cujos institutos de origem haviam, muitas vezes, sido criados com o apoio da fundação e de outras organizações filantrópicas estadunidenses, entre elas, a Fundação Ford, após a Segunda Guerra Mundial. Tais encontros culminaram com a inauguração, em 1971, também por iniciativa da Rockefeller, com o apoio do Banco Mundial, do Grupo Consultivo para a Pesquisa Agrícola Internacional (CGIAR, na sigla em inglês). Essa organização atua por meio de articulação entre seus centros, localizados em diversas partes do mundo, e parceiros de 89 países, buscando escalar os impactos da ciência e da inovação em áreas que possuam interface com a pesquisa agrícola, incluindo nutrição e adaptação climática.

Um dos parceiros do CGIAR é a Embrapa, criada em 1973, com o apoio do Banco Interamericano de Desenvolvimento (BID), no contexto da difusão global das práticas associadas à Revolução Verde. A Embrapa já nasceu com mandato para participar de convênios internacionais, sendo uma das iniciativas mais conhecidas o Programa de Cooperação

Cooperação internacional

Nipo-Brasileiro para o Desenvolvimento Agrícola dos Cerrados (Prodecer), que resultou de acordo assinado entre os então chefes de governo dos dois países já em 1974.

Iniciado em 1979 e finalizado em 2001, o Prodecer contribuiu para transformar parte do cerrado brasileiro em um cinturão agrícola e para converter o Brasil de importador para exportador líquido de alimentos em poucas décadas. Ao governo brasileiro interessava promover essa cooperação, em virtude dos esforços em prol da autonomia na produção de alimentos.

Ao governo japonês interessava fomentar a diversificação de sua dependência da importação de grãos, cuja vulnerabilidade ficou cada vez mais saliente com a crise alimentar nos anos 1970, em que produção alimentar global, afetada por condições climáticas anormais, não foi suficiente para atender às demandas de uma população crescente. Especificamente, o país asiático era bastante dependente da soja produzida nos Estados Unidos, tendo sua segurança alimentar ameaçada pelo embargo à exportação do produto por Nixon, em 1973.

Depois das primeiras décadas da cooperação internacional envolvendo a Embrapa, contemplando iniciativas de cooperação técnica, como o Prodecer, e educacional, por meio do envio de seus pesquisadores para especialização no exterior, no fim dos anos 1990 outra modalidade de cooperação foi inaugurada pela empresa: a abertura de laboratórios virtuais no exterior (Labex).

Entre 1998, ano da abertura do primeiro Labex da Embrapa, abrigado no Serviço de Pesquisa Agrícola do Departamento de Agricultura dos Estados Unidos, e 2011, ano da inauguração do Labex China junto à Academia Chinesa de Ciências Agrícolas, foram estabelecidas outras cinco unidades junto às seguintes instituições: Agropolis International (França), Universidade de Wageningen (Holanda), Instituto Rothamsted (Reino Unido), Instituto Jülich (Alemanha) e Agência de Desenvolvimento Rural da Coreia do Sul. Voltava-se, assim, para uma postura mais proativa, no sentido de buscar manter a Embrapa a par de conhecimentos globais emergentes em matéria agropecuária. No entanto, apenas dois Labex foram mantidos em atividade: o Labex EUA e o Labex Europa, instalado na França.

Não obstante, os casos de cooperação Norte-Sul envolvendo a Embrapa não são os mais conhecidos entre os que compõem o portfólio da atuação internacional da empresa, mas sim iniciativas desenvolvidas no âmbito da cooperação Sul-Sul. Nos anos 2000, a empresa se tornou o carro-chefe dos projetos agrícolas implementados pelo Brasil, em parceria com a Agência Brasileira de Cooperação (ABC), em países da América Latina, da África, da Ásia e do Oriente Médio.

Entre eles, o que ganhou maior projeção foi uma iniciativa de cooperação triangular implementada em parceria com o Japão no norte de Moçambique: o ProSAVANA, programa de desenvolvimento agrícola nas savanas tropicais de Moçambique. Uma das maiores iniciativas de cooperação Sul-Sul envolvendo o Brasil, em termos de magnitude dos recursos envolvidos, de abordagem setorial e de horizonte temporal, a iniciativa foi consensuada por meio de memorando de entendimento assinado em 2009. O programa teve início em 2011, com previsão de conclusão 20 anos depois. No entanto, aparentemente, o ProSAVANA foi encerrado em 2020, não sendo possível dissociar essa decisão das diversas críticas enfrentadas pelo programa em função de seus possíveis impactos ambientais e sociais.

Boa parte das críticas voltadas para a interrupção do programa foi protagonizada por articulações que envolveram organizações da sociedade civil brasileira, as quais apontaram que o ProSAVANA estaria estimulando a financeirização da terra e que o foco da cooperação deveria se voltar para a promoção da agricultura familiar. Esta também havia se tornado pilar relevante da cooperação Sul-Sul brasileira, tanto no âmbito latino-americano, como demonstra o protagonismo do país, em 2004, na criação da Reunião Especializada em Agricultura Familiar no Mercosul (Reaf), quanto no âmbito africano, a exemplo das inúmeras parcerias para promover a alimentação escolar envolvendo o Centro de Excelência de Combate à Fome, estabelecido no Brasil em parceria com o WFP em 2011.

Ainda no âmbito da cooperação com o continente, uma das iniciativas de maior envergadura foi o Programa Mais Alimentos África, lançado em 2010, no âmbito do Diálogo Brasil-África sobre Segurança Alimentar, Combate à Fome e Desenvolvimento Rural. Por envolver créditos concessionais para a aquisição de máquinas e implementos agrícolas brasileiros voltados para a agricultura familiar, o programa não apenas atendeu a demandas dos países parceiros, como também aos interesses da indústria brasileira, ao promover a exportação de bens de maior valor agregado.

Contudo, não foi apenas o Programa Mais Alimentos Internacional que contou com o apoio do setor privado brasileiro. Prevendo fomento à venda de parte de seus excedentes agrícolas para a União, uma coalizão do setor agrícola também havia apoiado a institucionalização da ajuda alimentar brasileira, a qual culminou com a aprovação de lei específica em 2011.

Figura 2 – Eventos que marcaram a institucionalização da assistência alimentar oferecida pelo Brasil.

2004	2006	2007	2009	2010	2011	2012	2016
Criação da Coordenação-Geral de Ações de Combate à Fome (CGFOME), no âmbito do Itamaraty.	Criação do Grupo de Trabalho Interministerial em Assistência Humanitária Internacional.	Elaboração e início da tramitação do Projeto de Lei n. 737, o qual não avançou em virtude de não ter previsto aprovação legislativa às doações de alimentos.	Inauguração do Armazém Humanitário Internacional no Aeroporto do Galeão.	Aprovação das Medidas Provisórias n. 481 e n. 519.	A Medida Provisória n. 519 é convertida em lei (Lei n. 12.429 – Autoriza o Poder Executivo a doar estoques públicos de alimentos, para assistência humanitária internacional)	Nova redação à Lei n. 12.429, por meio da Lei n. 12.688, retirando a previsão do limite temporal das doações.	Extinção da CGFOME e transferência das operações de cooperação humanitária para a Agência Brasileira de Cooperação.

Fonte: Baseado em Leite (2013).

Apesar dos diversos progressos na cooperação alimentar realizados ao longo das últimas décadas no sentido de fortalecer a associação entre iniciativas em curto prazo, destinadas a sanar o problema da fome, e em longo prazo, direcionadas a promover o desenvolvimento rural, o problema da fome ainda é uma realidade em diversas partes do mundo. A pandemia de covid-19 contribuiu para retrocessos significativos no acesso a alimentos, os quais, apesar de terem sido parcialmente revertidos em países da Ásia e da América Latina, não o foram em países caribenhos e africanos. A dificuldade de reversão do aumento da fome nessas localidades é atribuída aos impactos da guerra na Ucrânia sobre os preços mundiais de alimentos e energia, assim como às mudanças climáticas e às persistentes desigualdades sociais.

A geografia mais recente da fome e da desnutrição do mundo é caracterizada por mudanças em relação às configurações anteriores, pois, apesar de o problema da fome ainda ser persistente em regiões rurais, também afeta cada vez mais as populações urbanas. Diante desse quadro, uma das grandes tendências ligadas à cooperação internacional em matéria alimentar está centrada na aproximação entre instituições que a promovem e aquelas voltadas para a agenda urbana, apontando-se o papel dos governos subnacionais em promover inovações que permitam superar a divisão entre o desenvolvimento rural e o urbano. Ainda assim, estima-se que, dificilmente, será possível atingir as metas do ODS relacionado à segurança alimentar e à nutrição.

COOPERAÇÃO AMBIENTAL

É bastante usual, ao nos depararmos com eventos relacionados à cooperação internacional, presumirmos que, por meio dela, busque-se a realização de interesses comuns. Talvez a seara em que essa ideia encontre maior ressonância seja a da cooperação ambiental. Os parceiros envolvidos, assim, estariam comprometidos com objetivos compartilhados, voltados para a preservação do meio ambiente como bem público global. No entanto, na prática, dificilmente a cooperação internacional engloba apenas objetivos similares, na medida em que também envolve interesses específicos dos parceiros envolvidos.

Nesse sentido, o adequado entendimento sobre os grandes marcos históricos da cooperação ambiental requer que se apreenda o papel de configurações de cunho doméstico e transnacional envolvendo movimentos e organizações de países que, em um segundo momento, buscariam liderar a definição das agendas em âmbito internacional. Igualmente, é importante compreender por que determinadas agendas, na pauta ambiental internacional, são levadas adiante, ao passo que outras não o são.

Cooperação internacional

A emergência das temáticas ambientais na cooperação entre Estados teve como marco a realização da Conferência das Nações Unidas sobre o Meio Ambiente Humano (ou Conferência de Estocolmo), em 1972. Tal emergência é indissociável de articulações transnacionais que haviam se difundido na década anterior, envolvendo, sobretudo, organizações não estatais e cientistas dos países industrializados ocidentais.

O surgimento do movimento ecológico e da preocupação com os impactos ambientais do rápido progresso econômico dos anos 1950 e 1960, enquadrados na chamada "era de ouro do capitalismo", ganhou eco, na opinião pública, com grandes desastres ambientais amplamente veiculados pela mídia. Entre eles estavam, por exemplo, a chamada doença de Minamata, descoberta em 1956, que acometeu centenas de pessoas no entorno da baía de Minamata e do mar de Yatsushiro (Japão), devido ao mercúrio liberado pela corporação Chisso entre 1932 e 1968. Outro exemplo da época foi o naufrágio do navio petroleiro Torrey Canyon na costa sudoeste do Reino Unido, em 1967, tido como um dos piores derramamentos de petróleo da história.

Posteriormente, na década de 1980, ganharam destaque outros desastres, como o de Bhopal (Índia), tido como o pior desastre industrial da história, atingindo 500 mil pessoas e causando milhares de mortes, em função do vazamento do gás isocianato de metila da empresa Union Carbinde; e o acidente nuclear de Chernobyl (Ucrânia), causado pela explosão de um reator nuclear que ocasionou dezenas de mortes e afetou centenas de pessoas. Esse teria sido o pior desastre nuclear da história, sendo o segundo pior o de Fukushima (2011).

Aos poucos, a questão ambiental também começou a preocupar o setor privado. Em 1968, o industrial italiano Aurelio Peccei passou a organizar reuniões do chamado "Clube de Roma", envolvendo representantes do setor privado, cientistas, políticos e burocratas, e a patrocinar estudos sobre o tema. Um deles resultou na publicação, logo antes da Conferência de Estocolmo, do relatório *The Limits of Growth*. Esse relatório abordou simulação computacional realizada por pesquisadores do Instituto de Tecnologia de Massachussets (MIT, na sigla em inglês), com conclusões alarmantes sobre os impactos ambientais do crescimento populacional.

Como o crescimento populacional havia se tornado, já naquela época, característica marcante dos países em desenvolvimento, seus líderes não viram com bons olhos as "evidências" que os colocaram como foco das questões ecológicas mundiais e que poderiam, potencialmente, contribuir para enfraquecer as cobranças relacionadas à transição ambiental nos países industrializados. Durante o processo preparatório da Conferência de Estocolmo tais preocupações ficaram latentes, sendo necessário considerá-las para que a cooperação pudesse avançar.

Entre as preocupações estava o temor de que a pauta ambiental comprometesse o desenvolvimento do Sul, ao introduzir barreiras que impedissem a exportação de bens que não fossem produzidos de acordo com padrões ambientais estabelecidos pelo Norte. Assim, eram demandados dos países industrializados mecanismos de compensação de curto prazo – para lidar com eventuais desequilíbrios na balança comercial – e de mais longo prazo – apoiando a transição tecnológica ambiental no Sul. A persistência temporal dessas demandas na cooperação ambiental Norte-Sul pode ser averiguada, por exemplo, nas negociações em torno do Acordo de Livre Comércio entre Mercosul e União Europeia.

O Brasil, um dos países que haviam integrado o comitê preparatório da Conferência de Estocolmo e que, antes e durante a conferência, tornou-se um dos porta-vozes das demandas do Sul, insistia na necessidade de que o tema ambiental não fosse desvinculado de discussões relacionadas ao desenvolvimento. Embora o país tenha, após a Conferência, criado um órgão específico para lidar com o tema – a Secretaria Especial de Meio Ambiente –, assim como outros países do Sul, tinha sua legitimidade questionada em função do regime militar e da restrição à participação de movimentos sociais, inclusive os ambientalistas.

Assim, a onda mundial de democratização que avançou a partir dos anos 1980, bem como o fim da Guerra Fria, abriram caminho para uma incorporação maior da agenda ambiental pelos países do Sul. Isso não impediu, contudo, que novos desastres ambientais ocorressem e que fossem amplamente cobertos pela mídia internacional. No caso do Brasil, nessa década, ganharam notoriedade as queimadas na Amazônia e o desastre de Cubatão. Nas primeiras décadas do século XXI, além das queimadas,

Cooperação internacional

diversos vazamentos de petróleo e acidentes envolvendo barragens de mineradoras, como os desastres de Mariana e de Brumadinho, deixaram clara a persistente fragilidade das políticas ambientais no país.

Ao mesmo tempo, na década de 1980, foram surgindo alternativas aos movimentos ecológicos que defendiam modelos *no growth*, afirmando a dicotomia entre desenvolvimento e preservação ambiental. Tais alternativas abriram caminho para que se construíssem pontes com os países do Sul. Um dos baluartes nessa direção foi a publicação, em 1987, do relatório *Our Common Future* (Relatório Brundtland) pela Comissão Mundial sobre Meio Ambiente e Desenvolvimento, cuja criação havia sido apoiada por resolução da Assembleia Geral das Nações Unidas. Esse documento tornou-se um marco importante na cooperação ambiental por ter lançado o conceito de desenvolvimento sustentável, que, ao se pautar em três pilares – o ambiental, o econômico e o social –, buscava incorporar demandas do Norte e do Sul.

Nesse contexto, foi aceito, em 1989, o pleito do Brasil para sediar uma nova conferência, de modo que se pudesse avançar na cooperação ambiental internacional: a Conferência das Nações Unidas sobre Meio Ambiente e Desenvolvimento. Em função do próprio nome do evento e da sua realização em um país em desenvolvimento, esperava-se, ao incorporar a associação meio ambiente-desenvolvimento, promover a participação ativa, e não defensiva, do Sul Global.

A Rio-92 tornou-se o maior evento organizado até então pela ONU, contando com ampla representação não apenas governamental, mas também não governamental. Foi possível, assim, estimular o diálogo entre ONGs do Norte e do Sul, propiciando maior entendimento acerca dos desafios específicos enfrentados pelos países em desenvolvimento. O reconhecimento de suas demandas também avançou no setor privado, como demonstra o lançamento, durante a conferência, do relatório *Mudando o rumo: uma perspectiva empresarial global sobre desenvolvimento e meio ambiente*, pelo Conselho Empresarial para o Desenvolvimento Sustentável, órgão ligado à ONU que contava com a participação de representantes do Norte e do Sul.

Diante desse cenário, uma das grandes conquistas da Rio-92, do ponto de vista dos países em desenvolvimento, foi a inclusão, na declaração final do evento, do princípio das "responsabilidades comuns, porém diferenciadas" (Princípio 7). A participação de centenas de ONGs, cuja criação havia ganhado impulso após a Conferência de Estocolmo, também foi relevante por fortalecer uma base de apoio que contribuísse para o desenho, para a implementação e para o monitoramento dos compromissos assumidos no âmbito do plano de ação aprovado durante a conferência – a Agenda 21.

Isso não significa que os impasses Norte-Sul não tenham permeado a Rio-92, o que ocorreu desde o seu processo preparatório. Tais impasses se manifestaram, por exemplo, na pressão dos países em desenvolvimento para que uma convenção sobre a proteção de florestas assumisse formato declaratório, dirimindo o risco de que o instrumento abrisse caminho para ingerências em seus territórios.

Já no caso da Convenção sobre Diversidade Biológica, aprovada durante a Rio-92, não foi possível avançar em estipulações precisas acerca da repartição justa e equitativa dos ganhos do uso sustentável dos recursos biológicos. Isso ocorreu em virtude da resistência de empresas estrangeiras que depositam patentes a partir de pesquisas com materiais genéticos extraídos de florestas dos países em desenvolvimento – prática ainda comum no atual século.

Tampouco foram fáceis as negociações em torno do acesso a financiamento para amparar a transição ecológica no Sul. O objetivo de lançar um fundo global para a implementação da Agenda 21 foi frustrado pelo lançamento do Global Environmental Facility (Fundo Global para o Meio Ambiente) no âmbito do Banco Mundial antes da Rio-92, resultando de negociações restritas e paralelas ao seu processo preparatório.

Pode-se contrapor esse mecanismo, por exemplo, ao Fundo Amazônia, criado em 2008, cuja gestão de recursos da cooperação é realizada não por uma organização internacional que confere maior poder de voto a determinados países, mas por órgão do próprio país que recebe as contribuições voluntárias – no caso, o Banco Nacional de Desenvolvimento Econômico e Social (BNDES).

O Fundo Amazônia havia sido desenhado em um momento em que a imagem internacional do Brasil em relação aos temas ambientais era mais positiva, se comparada à das décadas anteriores. Havia maior confiança tanto na força dos movimentos ambientais nacionais – cujas organizações tornar-se-iam atores decisórios e implementadores cruciais dos projetos do Fundo Amazônia – quanto nas instituições brasileiras, incluindo a capacidade de monitoramento periódico do desmatamento pelo Instituto Nacional de Pesquisas Espaciais (Inpe).

Isso não impediu, como se sabe, que os dois maiores financiadores do fundo, os governos norueguês e alemão, os quais precisam prestar contas da alocação de recursos a seus respectivos parlamentos e à opinião pública, bloqueassem a alocação de novos repasses para o Fundo Amazônia. Essa decisão, revertida em 2023, aconteceu em 2019, após entendimento de que representaria quebra de contrato a decisão unilateral do governo Bolsonaro de excluir, por decreto presidencial, representantes da sociedade civil de dois órgãos cruciais para a governança do Fundo Amazônia: seu Comitê Orientador (COFA), o qual delineia suas diretrizes e monitora seus resultados; e seu Comitê Técnico (CTFA), que atesta as emissões resultantes dos desmatamentos na Amazônia.

Para além das clivagens Norte-Sul que marcam historicamente a cooperação ambiental, é importante mencionar outras que se manifestam desde o processo preparatório e a realização da Rio-92. Elas envolvem, principalmente, a resistência dos Estados Unidos, tendo como parceiros organizações e países variados a depender do tema, às demandas europeias por compromissos globais no que tange à agenda ambiental. Com efeito, um dos fatores marcantes a respeito da evolução e da não evolução da cooperação multilateral ambiental está relacionado à postura estadunidense em negociações específicas.

Por um lado, esse país liderou, em um contexto marcado pelos custos impostos pela aprovação, em 1978, de legislação doméstica proibindo o uso de CFCs (clorofluorocarbonetos), a negociação da Convenção de Viena para a Proteção da Camada de Ozônio, aprovada em 1985; e do Protocolo de Montreal sobre Substâncias que Destroem a Camada de Ozônio, aprovado em 1987. A mobilização interna nos Estados Unidos havia emergido com a publicação de estudos científicos sobre os efeitos danosos de tais substâncias sobre a atmosfera, os quais, uma vez ecoados junto ao governo, pressionaram o setor privado no sentido de que fossem buscadas alternativas. Essa busca, por seu turno, resultou em inovações custosas, de modo que a promoção de modelos similares em outros países poderia, além de garantir que houvesse comprometimento global em torno da agenda, dado seu caráter transnacional, fomentar demandas pelas tecnologias estadunidenses.

Por outro lado, no caso da agenda das mudanças climáticas, que passara a contar com convenção específica a partir da Rio-92 – a Convenção-Quadro das Nações Unidas sobre a Mudança do Clima –, a mesma postura não foi verificada. Aqui, diferentemente, ganharam eco argumentos sobre as incertezas científicas, assim como sobre a necessidade de que todos os eventuais concorrentes da economia americana – incluindo os países emergentes – assumissem os mesmos compromissos em relação às metas para conter o aquecimento global.

Nesse contexto, as alianças claramente extrapolam o âmbito Norte-Sul, como demonstra, por exemplo, o alinhamento entre petroleiras dos Estados Unidos e da Opep para conter o avanço de negociações em torno de compromissos efetivos com a diminuição do uso de combustíveis fósseis.

Paralelamente, diante das dificuldades de avanço da agenda da mudança climática, a União Europeia passou a promover acordos bilaterais demandando dos parceiros adesão a compromissos concretos, previamente negociados em âmbito multilateral ou não, com medidas de mitigação e adaptação climática. Essa estratégia se fortaleceu com a aprovação do European Green Deal, em 2020, e sua ambiciosa proposta de zerar as emissões de gases de efeito estufa no continente até 2050. Com isso, o bloco europeu busca, ao mesmo tempo, promover o desenvolvimento sustentável globalmente, induzir a inovação em âmbito regional e ampliar demandas globais por suas tecnologias, fazendo frente à crescente competitividade chinesa na matéria.

Esse cenário parece corroborar os argumentos, tecidos pela diplomacia brasileira desde o processo preparatório da Conferência de Estocolmo, no sentido de ressaltar a necessidade de que a cooperação ambiental seja entendida não apenas em seus aspectos técnicos, mas também levando em conta sua dimensão política. Isso porque envolve decisões cujas consequências implicam custos distintos a depender do país, o que, naturalmente, pode levar as partes a se posicionarem em torno de decisões que lhes tragam menores custos, ou mesmo, oportunidades.

Cooperação internacional

Foi com base nesse aprendizado que o Brasil, desde a Conferência de Joanesburgo – ou Cúpula Mundial sobre Desenvolvimento Sustentável, realizada em 2002 –, passou a realizar articulações em torno do estabelecimento de metas nacionais relacionadas ao uso de energia sustentável – algo que não imporia custos ao país, dado que já teria cumprido e mesmo ultrapassado essas metas. Igualmente, o governo brasileiro seguiu defendendo que a agenda ambiental fosse pautada por concepções ligadas ao desenvolvimento sustentável, embasando a busca de oportunidades de financiamento e de acesso a tecnologias. Ao mesmo tempo, questionou-se a emergência de frentes alternativas que pudessem comprometer o posicionamento dos países em desenvolvimento na cooperação ambiental, como a da "economia verde", expressão que ganhou impulso durante o processo preparatório da Rio + 20.

Entre as tendências mais recentes da cooperação ambiental está a emergência de duas agendas que encampam a promessa de maior articulação Norte-Sul. A primeira delas é a agenda da bioeconomia, a qual se refere à aplicação comercial da biotecnologia. A ideia é que, como os países em desenvolvimento são repositórios da biodiversidade e os desenvolvidos, dos recursos inovativos, haveria complementaridade de interesses.

Entretanto, a questão que se impõe é não só se todos os lados ganharão com a cooperação, mas também se os ganhos serão equilibrados. Nesse sentido, um dos pontos que requerem atenção é o registro de propriedade intelectual, a partir de pesquisas baseadas em recursos genéticos e em saberes tradicionais do Sul, por empresas inovadoras. Estas, no entanto, com algumas exceções, continuam se recusando a compartilhar os benefícios oriundos de *royalties* com os países e com as comunidades de origem de tais recursos e saberes.

Uma segunda agenda ambiental emergente é aquela relacionada à exploração sustentável dos recursos oceânicos, sendo um de seus baluartes a atual Década das Nações Unidas de Ciência Oceânica para o Desenvolvimento Sustentável. Um dos objetivos da Década é promover a cooperação científica como instrumento para difundir conhecimentos sobre a gestão sustentável dos oceanos, de modo que os ganhos econômicos advindos da exploração desses espaços não comprometam a sua preservação. Embora o fortalecimento da ciência oceânica nos países em desenvolvimento seja prioritário, redes científicas envolvendo esses países e países desenvolvidos, que pretendem contribuir para tal fortalecimento, podem acabar incitando a fuga de cérebros e de conhecimentos inovadores.

Assim, o grande desafio da cooperação ambiental é não apenas garantir a difusão de iniciativas voltadas para a proteção do meio ambiente sem comprometer o crescimento econômico, mas também que todos contem com os recursos financeiros, institucionais e humanos necessários para promover o desenvolvimento sustentável.

COOPERAÇÃO EM SAÚDE

Dos quatro temas abordados neste capítulo, o da saúde é, sem dúvida, o que despertou maior interesse da comunidade internacional nos últimos anos em função da pandemia de covid-19. A correlação entre interdependência e demanda por cooperação, estabelecida pelas abordagens liberais, dificilmente poderia ser mais visível. Isso porque doenças infecciosas podem facilmente se alastrar para além das fronteiras, afetando diferentes países, demandando a coordenação entre seus planos epidemiológicos e suas políticas de saúde de modo geral.

No entanto, existiam diversas possibilidades de arranjos cooperativos para lidar com a pandemia, sendo impossível dissociar a implementação de algumas agendas, e a não implementação ou a implementação insuficiente de outras, de configurações de poder que envolvem preferências de atores públicos e privados e sua capacidade de promover avanços de agendas que lhes beneficiam, e de não apoiar, restringir, atrasar ou minar esforços que lhes prejudicam.

Essa coincidência, ou articulação, entre interesses públicos e privados pode, a princípio, contradizer a própria evolução dos debates e das práticas que se conectam ao campo da saúde global. Isso porque é regra, nesse campo, encontrar reivindicações de que o objetivo do lucro não pode estar acima do direito humano à saúde e, em última instância, do direito à vida.

Esse foi o argumento central que embasou, por exemplo, a posição do Brasil no âmbito do chamado "contencioso das patentes" (2000-2001), que emergiu diante da negativa dos laboratórios produtores de medicamentos antirretrovirais estadunidenses de negociarem preços mais econômicos

Cooperação internacional

para o mercado brasileiro. Essa posição levou ao licenciamento voluntário pelo Brasil e à fracassada tentativa dos Estados Unidos de abrir uma queixa contra o país junto à Organização Mundial do Comércio (OMC), culminando com o entendimento pioneiro, no âmbito dessa organização, de que os países deveriam ter a liberdade de lidar com emergências relacionadas à saúde, mesmo que para isso precisassem descumprir parte do acordo sobre proteção de patentes da OMC – o Acordo Trips (Acordo sobre Aspectos dos Direitos de Propriedade Intelectual relacionados ao Comércio).

Porém, debates como esses não podem ser entendidos de maneira adequada com base apenas na oposição entre interesses públicos e privados. Historicamente, não é possível dissociar a emergência da cooperação em saúde, no século XIX, da intensificação dos intercâmbios comerciais. Nesse sentido, os custos impostos pelas quarentenas nos portos em função de epidemias relacionadas à cólera, à peste bubônica e, posteriormente, à febre amarela passaram a demandar alinhamento entre as políticas de saúde e de controle epidemiológico envolvendo países de diversas regiões do mundo.

Outras manifestações de alinhamento entre interesses públicos e privados podem ser observadas ao longo do tempo. Por exemplo, no caso do Brasil, esses interesses coincidiram, no contexto do referido contencioso com os Estados Unidos, em torno da quebra das patentes dos medicamentos antirretrovirais. No caso norte-americano, assim como no caso de outros países ricos, destaca-se, de maneira mais geral, articulação público-privada histórica em torno da indústria farmacêutica, setor de alta complexidade econômica e que alimenta toda uma cadeia de inovação que se conecta à geração de postos de trabalho e à coleta de impostos.

Nesse contexto, a questão maior que se coloca é aquela relacionada às assimetrias internacionais que resultam de capacidades inovativas díspares que influenciam o grau de vulnerabilidade dos países diante das pandemias e de outras emergências de saúde. Assim, os menos favorecidos ficam dependentes do apoio dos mais favorecidos a arranjos cooperativos que atendam às demandas de saúde de sua população.

Essa vulnerabilidade, que ficou patente com a pandemia de covid-19, conforme será abordado mais adiante, tem antecedentes importantes, considerando-se necessário, a título de exemplo, retomar o caso da pandemia de HIV/aids. Esta, diferentemente daquela ocasionada pelo novo coronavírus, demorou a ser reconhecida como tal pela comunidade internacional, atrasando esforços cooperativos mais efetivos.

A aids, quando de sua emergência, nos anos 1980, era associada a comunidades homossexuais localizadas em países desenvolvidos, mesmo que afetasse cada vez mais o Sul Global, principalmente países africanos. A criação do Programa Conjunto das Nações Unidas sobre HIV/aids (Unaids), em 1996, foi um marco por ter buscado integrar iniciativas de cooperação capitaneadas por diversas organizações.

Contudo, é consenso que o grande divisor de águas foi a liderança dos Estados Unidos em torno da agenda, a qual viria a se concretizar apenas com a securitização da pandemia de HIV/aids, durante o governo Clinton, levando a discussão ao Conselho de Segurança da ONU em 2000. No ano seguinte, a Assembleia Geral da ONU aprovou a Declaração de Compromisso sobre HIV/aids, que embasou a criação do Fundo Global para o Combate ao HIV/aids, Tuberculose e Malária no âmbito do G8. A partir de então, a cooperação internacional em torno do tema ganhou impulso inédito, não apenas no âmbito Norte-Sul, mas também Sul-Sul.

Nesse contexto, o Brasil passou a participar cada vez mais de projetos e programas de cooperação voltados para disseminar sua experiência e aportar recursos para promover a prevenção e o combate ao HIV/aids em outros países em desenvolvimento. Isso contribuiu para fortalecer a dimensão Sul-Sul na cooperação em saúde do Brasil.

Antes de abordar esse tema, é necessário lembrar que, originalmente, assim como nos caso da cooperação alimentar, a inserção do país na cooperação em saúde havia se pautado pela recepção de conhecimentos e recursos em âmbito Norte-Sul. Desde o lançamento das primeiras políticas nacionais de saúde, no período da Primeira República, voltadas inicialmente para a contenção de epidemias, o país foi beneficiado por iniciativas como aquelas patrocinadas pela Fundação Rockefeller para o combate à febre amarela e para a criação de diversas instituições de formação em saúde.

Durante esse período, as práticas brasileiras também foram influenciadas pela difusão da ciência microbiológica francesa, por meio do Instituto Pasteur, em vista de seu papel na formação de quadros brasileiros e no estabelecimento

Cooperação internacional

de modelos para instituições que viriam formar a base para o estabelecimento do Instituto Oswaldo Cruz, em 1907. Com a formação de quadros técnicos e o avanço das políticas nacionais de saúde, o Brasil passaria a participar ativamente de negociações cruciais para o avanço da cooperação em saúde, como a fundação da Organização Mundial de Saúde (OMS) em 1948.

Além dessas modalidades do envolvimento do Brasil na cooperação – cooperação recebida e participação na definição de normas globais –, uma terceira modalidade passou a ganhar destaque no início do atual século: a cooperação Sul-Sul. No caso das iniciativas voltadas para o combate ao HIV/aids, por exemplo, o país foi protagonista por adotar um enfoque interdisciplinar, para além do enfoque biomédico que havia predominado nas primeiras décadas de articulação internacional em torno da agenda. Assim, o governo brasileiro envolveu-se em diversas iniciativas bilaterais, triangulares, regionais e multilaterais que incluíram não só a doação de medicamentos antirretrovirais, mas principalmente o apoio à estruturação de sistemas de acesso universal à prevenção e ao tratamento do HIV/aids em países latino-americanos e africanos.

Não é possível dissociar este último viés da atuação brasileira no âmbito Sul-Sul de disputas globais travadas em oposição às práticas de saúde estabelecidas nos Estados Unidos, baseadas, em grande medida, no setor privado e caracterizadas pela inexistência de um sistema universal de saúde. Buscavam-se, assim, aliados que contribuíssem para fortalecer as reivindicações do movimento pela Reforma Sanitária no Brasil, centradas na saúde como direito a ser atendido pelo Estado, consagrado na Constituição de 1988, na criação do Sistema Único de Saúde (SUS) e em ideais defendidos por organizações como a OMS e a Organização Pan-Americana de Saúde (Opas). O papel desta última organização, inclusive, havia sido fundamental para o fortalecimento do movimento pela Reforma Sanitária no Brasil durante o governo militar.

Naquele momento, as iniciativas de cooperação patrocinadas pela Opas estavam em transição. Tradicionalmente, predominava o enfoque no controle epidêmico, o qual havia condicionado a própria criação, em 1902, da organização que antecedeu a Opas, a Oficina Sanitária Internacional, sendo suas primeiras ações voltadas para a febre amarela. Quando a Opas foi criada, em 1958, o campo da saúde global transitava para um enfoque holístico, conectado ao desenvolvimento e a dimensões sociais e econômicas. As políticas brasileiras de saúde foram influenciadas por essa mudança por meio, por exemplo, de projetos de cooperação capitaneados pela Opas nos anos 1970, que contribuíram para incorporar a medicina preventiva às políticas brasileiras e para formar pessoal para expandir da oferta de serviços públicos de saúde para comunidades rurais.

Tais iniciativas estavam em consonância tanto com a emergência da abordagem das Necessidades Humanas Básicas na cooperação para o desenvolvimento, amplamente discutida neste livro, quanto com consensos estabelecidos entre ministros da Saúde em torno do Plano Decenal de Saúde para as Américas, aprovado em 1972. No fim dos anos 1970, o ideal da universalização avançou, em âmbito global, com a realização da Conferência Internacional sobre Atenção Primária à Saúde, que resultou na Declaração de Alma-Ata (1978). Os efeitos dessa declaração sobre as práticas brasileiras, contudo, tardariam a ser sentidos, sendo um dos fatores que impediam esse avanço a oposição da rede privada de saúde, que, beneficiada por recursos governamentais, opunha-se à universalização por meio do atendimento preferencial por unidades públicas de saúde.

Ao mesmo tempo que a cooperação Sul-Sul em saúde foi fortemente influenciada por essas disputas, buscando apoiar o fortalecimento de sistemas similares ao brasileiro em outros países em desenvolvimento – públicos, universais e gratuitos –, a cooperação brasileira não deixou de abordar dimensões relacionadas ao chamado "complexo econômico-industrial da saúde". Em geral, o governo do Brasil manifestava discordância com práticas da cooperação tradicional que engendrassem situações de dependência em relação aos doadores. No campo da Saúde, não foi diferente.

Desse modo, à doação de medicamentos e vacinas para lidar com questões emergenciais, somaram-se projetos estruturantes para a contribuição na promoção da autonomia de países do Sul por meio do fomento a cadeias locais de produção para abastecer os sistemas nacionais de saúde. A iniciativa mais conhecida é, sem dúvida, aquela relacionada ao apoio à criação de uma fábrica de medicamentos antirretrovirais em Moçambique, acordado em 2003. A fábrica, inaugurada em 2012, é tida como o maior projeto do Brasil na África em termos de volume de recursos envolvidos – US$ 40 milhões –,

Cooperação internacional

sendo que sua capacidade acabou sendo realocada para a produção de medicamentos com processos produtivos mais simples.

A Fiocruz, que liderou o projeto, acumulava credenciais históricas, dentro do Brasil, como articuladora estratégica do complexo econômico-industrial da saúde. Nos anos 1970, além de atuar na produção de vacinas, passou a se envolver na produção de medicamentos. No âmbito do II Plano Nacional de Desenvolvimento, a fundação ganhou relevância na integração entre as políticas de saúde e de ciência e tecnologia, a qual foi renovada, no início do atual século, com a criação da Secretaria de Ciência, Tecnologia e Insumos Estratégicos em Saúde no Ministério da Saúde.

Assim, mais fundos passaram a ser alocados para o fomento de iniciativas prioritárias para o complexo econômico-industrial da saúde, incluindo pesquisa e desenvolvimento e expansão da capacidade produtiva de medicamentos. Durante a pandemia de covid-19, cumpre ressaltar que a Fiocruz foi o ator articulador central de acordo de encomenda tecnológica da vacina desenvolvida por parceria entre a biofarmacêutica AstraZeneca e a Universidade de Oxford.

A agenda do complexo econômico-industrial da saúde ganhou relevo, globalmente, com a gritante vulnerabilidade do acesso dos países menos desenvolvidos a vacinas e a outros insumos necessários para combater a pandemia de covid-19 diante das barreiras à sua exportação impostas por países desenvolvidos e, posteriormente, da reorganização do comércio global associada à guerra na Ucrânia. Equipes a princípio envolvidas em iniciativas de cooperação foram realocadas para esforços internos de combate à pandemia, ao passo que o compartilhamento internacional de conhecimentos foi promovido apenas até que alguns laboratórios avançassem no desenvolvimento das vacinas, impondo, no momento subsequente, políticas de segredo.

Esse contexto explica, em larga medida, as dificuldades de avançar na cooperação em âmbito multilateral, sendo o caso mais emblemático o da iniciativa Acesso Global de Vacinas de covid-19 (Covax), voltada para a promoção da equidade vacinal. Apesar de a Covax ter abrangido 100 países poucas semanas depois da descoberta da primeira vacina, nenhuma das metas de distribuição de imunizantes foi atingida. Entre as causas do fracasso, a mais mencionada é o nacionalismo vacinal dos países ricos.

112

Temas

Outro desafio estaria relacionado à baixa capacidade de produção vacinal do Sul Global, cujo avanço foi barrado por decisão tomada, no âmbito da OMC, de acatar apenas parte da reivindicação, liderada pela Índia e pela África do Sul, em prol da suspensão de direitos de propriedade intelectual e da facilitação de esforços para lidar com a pandemia. Em vista da oposição de laboratórios e de governos de países ricos, a aprovação da proposta, apresentada em 2020, demorou mais de dois anos para acontecer.

Quando finalmente consumado, o *waiver* do Trips foi circunscrito de três maneiras: restringindo-se sua validade a cinco anos; incorporando apenas vacinas e insumos associados à sua produção, excluindo aqueles relacionados a diagnósticos e terapias; proibindo a quebra de patentes no caso de países com capacidade de produção, impedindo que a prática fosse adotada por países emergentes.

As dificuldades de se avançar na cooperação, no contexto da pandemia, fizeram ecoar questões estruturais que afetam o acesso dos países em desenvolvimento à saúde de maneira geral. Como, e em que medida, será possível avançar na cooperação para lidar com as chamadas "doenças negligenciadas", que não despertam o interesse dos laboratórios dos países ricos por afetarem, principalmente, os mais pobres? A cooperação Sul-Sul será suficiente para atender às demandas desses países? Qual é o potencial de iniciativas, como o Centro de Pesquisa e Desenvolvimento em Vacinas dos Brics, que avança lentamente, em equacionar tais necessidades? Os países em desenvolvimento serão capazes de acompanhar o rápido avanço dos desenvolvidos em tecnologias, como aquelas relacionadas às vacinas de RNA mensageiro e aos tratamentos com células-tronco? À medida que países emergentes avancem na construção de seus complexos econômicos industriais da saúde, a partir da aliança com o setor privado, este permitirá que tecnologias sejam livremente compartilhadas? Em que medida os governos dos países ricos estarão dispostos a equilibrar o interesse dos laboratórios que atuam a partir de seus territórios, diante das disputas geopolíticas atuais e do protagonismo crescente da China em projetos de desenvolvimento em países do Sul? Trata-se de questões importantes que ficam para o futuro.

Conclusão

Introduzir leitores ao tema da cooperação internacional não é tarefa fácil. O primeiro desafio é eleger enfoques específicos de análise, já que a cooperação é associada a diversas dinâmicas das relações internacionais – entre elas, aquelas envolvendo as organizações multilaterais ou as que se manifestam em âmbito bilateral ou regional. Um segundo desafio, relacionado ao primeiro, diz respeito à multiplicidade de temas e de atores envolvidos. Do ponto de vista teórico, embora os debates entre as duas principais correntes das Relações Internacionais, realismo e liberalismo, tenham abarcado a cooperação e a não cooperação como elementos centrais, há o desafio de compreender o lugar dos países do Sul Global na seara.

Nesse sentido, este manual, embora partindo dos debates entre realistas e liberais, buscou conferir maior centralidade a interações que envolvem os países em desenvolvimento. Ao eleger esse enfoque, seria natural que se abordasse, de forma mais detida, a cooperação internacional para o desenvolvimento, tendo em vista a relevância dessa agenda para o Sul Global. Ao mesmo tempo, não seria possível centrar as discussões apenas na cooperação para o desenvolvimento, já que a trajetória do regime internacional em torno desse tema evoluiu, de modo que foram excluídas agendas relevantes para o desenvolvimento – como ciência, tecnologia e comércio.

Isso não significa que as teorias liberais e realistas não ajudem a jogar luz sobre as dinâmicas de cooperação para além das relações entre países

Cooperação internacional

desenvolvidos. Um dos elementos centrais de concordância entre ambas, seguindo o debate entre neorrealistas e neoliberais, diz respeito à incidência de interesses na cooperação internacional. Esse entendimento rompe com a ideia, amplamente veiculada em narrativas oficiais acerca da cooperação, de que seu objetivo seria, necessariamente, avançar em um bem comum.

Mesmo a teoria liberal, que admite que os interesses podem ser modificados e que convirjam no âmbito de políticas similares para lidar com a interdependência, entende a cooperação não como um fenômeno isolado, mas como um processo que se desenrola ao longo do tempo. Nesse processo, a decisão de cooperar pode ser revista, caso uma ou mais partes avaliem que não obtiveram ganhos com interações passadas. Admite-se, contudo, que essa ideia é baseada em um modelo que não necessariamente encontra correspondência na realidade, na medida em que se presume que as partes envolvidas sejam capazes de avaliar a cooperação. Igualmente, presume-se que os Estados sejam capazes de identificar seus próprios interesses, embora eles possam ser modificados a partir da atuação de organizações internacionais. Ainda assim, supõe-se que essa modificação seria racional e que todos os Estados teriam seus interesses transformados da mesma forma, produzindo políticas convergentes.

Historicamente, contudo, os países do Sul tiveram seus modelos de desenvolvimento, e sua inserção internacional, induzidos a partir de demandas externas. Mesmo após sua independência, a influência dessas demandas teve continuidade, seja de maneira explícita – sofrendo retaliações ao não tomarem decisões que estivessem de acordo com as preferências de determinados países ou grupos –, seja de forma implícita – sendo a cooperação para o desenvolvimento um dos mecanismos cruciais para induzir modelos de desenvolvimento que estivessem de acordo com tais demandas.

O funcionamento deficiente de estruturas burocráticas do Sul, ainda, pode limitar a capacidade de avaliação da cooperação. Mesmo que esse desafio seja equacionado, a questão é como buscar uma revisão da cooperação sem que se produzam percepções de ameaça ao *status quo*, as quais, por seu turno, podem resultar em retaliações econômicas e, por vezes, militares.

Durante algum tempo, expoentes da teoria da dependência defendiam que a busca pelo desenvolvimento do Sul deveria se basear em insulamento das relações com o Norte. De fato, os países que alcançaram

116

Conclusão

saltos importantes de desenvolvimento, como a China e a Coreia do Sul, o teriam feito justamente pela trajetória de menor influência ocidental sobre sua economia, na forma, por exemplo, dos investimentos estrangeiros diretos. Trata-se, todavia, de modelo não replicável na América Latina, justamente por se basear em construção histórica distinta da dessa região.

Dependentistas também haviam apontado a importância de que os países do Sul cooperassem mais entre si, na crença de que essas relações seriam mais igualitárias e mais propensas a conduzir ao desenvolvimento mútuo. No entanto, a cooperação Sul-Sul avançou de maneira substantiva, no âmbito econômico e técnico, apenas a partir do avanço econômico de alguns países do Sul – os *new industrialized countries*, nos anos 1970, e, depois, a China –, o que, naturalmente, implicaria a introdução de desigualdades nessas relações.

Ainda assim, é bastante forte a retórica da identidade entre esses países. Mais uma vez, reproduz-se a ideia de que a cooperação seria voltada para o bem comum. Esse apelo, claramente, não escapou aos países desenvolvidos e às suas organizações. Diante do questionamento crescente da cooperação Norte-Sul, eles passaram a promover iniciativas de cooperação triangular envolvendo cooperantes do Sul, incluindo governos nacionais, subnacionais e organizações da sociedade civil.

Assim, não se deve confundir o uso indiscriminado da palavra "cooperação", por governos, organizações internacionais e outros atores das relações internacionais, com a cooperação em si. Para a corrente liberal, entender se um fenômeno é realmente cooperativo passa pela avaliação de ganhos e perdas. Se os primeiros superarem as últimas, do ponto de vista individual, a relação é benéfica e tende a se sustentar. Já para os realistas, o que importa são os ganhos relativos – ou seja, não basta que ambas as partes obtenham ganhos, mas é necessário que sejam equilibrados.

A distribuição desigual dos ganhos da cooperação pode não apenas afetar a segurança futura dos que obtiveram menos benefícios, como dizem os realistas; ela também pode influenciar a capacidade dos Estados de garantir o bem-estar social das suas respectivas populações. Países que ganham mais com a cooperação internacional, sendo ela própria muitas vezes induzida por suas preferências, tendem a converter esses ganhos em diferenciais competitivos, em termos da quantidade e da qualidade dos

Cooperação internacional

empregos que são oferecidos à sua população, assim como das condições de vida, que são capazes de prover por meio da cobrança de impostos sobre a atividade econômica. Naturalmente, com isso, tornam-se mais atrativos para atividades e indivíduos de outros países, incluindo os do Sul Global, o que contribui para se manterem no topo da economia mundial.

Conforme foi demonstrado ao longo deste livro, considerar os interesses de atores estatais e não estatais é fundamental para entender por que a cooperação avança em determinadas áreas, mas não em outras. Porém, uma das lacunas resultantes do debate entre neorrealistas e neoliberais foi a marginalização, por ambos, do papel de dinâmicas e atores domésticos na definição da posição adotada pelos Estados no que diz respeito à cooperação. A postura assumida pelos últimos e sua capacidade de definir agendas relacionadas à cooperação internacional, contudo, não dependem somente de decisões tomadas por atores estatais – como diplomatas e chefes de governo. Estes importam, mas sua atuação deve ser entendida a partir da interação com atores não estatais.

Ao longo deste manual, vimos que organizações da sociedade civil, cientistas e o setor privado incidiram historicamente sobre a agenda da cooperação. Normalmente, tendemos a situar ONGs e o setor privado em campos distintos, atuando em disputa. No entanto, o que chama bastante a atenção é o poder de definição de agendas da cooperação quando seus interesses, ainda que distintos, convergem em torno de determinadas agendas, graças à capacidade de mediação governamental. Não à toa, o tema do meio ambiente, ao unir movimentos ambientalistas a setores econômicos que lideram a produção de tecnologias ambientais, emergiu como vetor central da cooperação internacional nas múltiplas vertentes abordadas neste livro.

Essa emergência, embora desejável do ponto de vista do avanço da agenda ambiental, impõe desafios a países cuja trajetória de inserção internacional criou empecilhos para a construção de instituições internas fortes o suficiente para realizar a mediação entre interesses públicos e privados. Diante disso, a cooperação, necessária, por um lado, para o acesso a recursos que ajudem a promover seu desenvolvimento sustentável, pode, por outro, acabar contribuindo para perpetuar seu subdesenvolvimento ao engendrar a dependência tecnológica e ao se tornar veículo para a fuga de talentos e de saberes inovadores.

Sugestões de leitura

Os leitores interessados em expandir seus conhecimentos sobre os temas abordados neste livro encontrarão em seguida algumas dicas de leituras.

Sobre as concordâncias e as discordâncias entre neorrealistas e neoliberais, sugiro consultar diretamente os autores envolvidos no debate. Recomendo iniciar com a leitura do livro que é tido como a base do neorrealismo, *Theory of International Politics,* de Kenneth Waltz, publicado em 1979 pela McGraw-Hill. Em seguida, é importante percorrer, ao menos, os capítulos introdutórios de livros de dois dos autores que são tidos como expoentes da reformulação liberal: *After Hegemony: Cooperation and Discord in the World Political Economy,* de Robert Keohane (Princeton University Press, 1984); e *The Evolution of Cooperation*, de Robert Axelrod (Basic Books, 1984). Para, por fim, compreender a resposta realista à reformulação neoliberal, sugiro leitura do artigo "Anarchy and the Limits of Cooperation: a Realist Critique of the Newest Liberal Institutionalism", de Joseph Grieco, publicado na revista *International Organization* (v. 42, n. 3, 1988).

Para quem deseja aprofundar no entendimento de como o tema da cooperação aparece nesses debates, recomendo dois materiais: o artigo "Explaining Cooperation under Anarchy: Hypotheses and Strategies", de Kenneth Oye (*World Politics*, v. 38, n. 1, 1985), cuja leitura talvez seja um pouco mais difícil para iniciantes; e a resenha "International Theories of Cooperation among Nations: Strenghts and Weaknesses", de Helen

Cooperação internacional

Milner (*World Politics*, v. 44, n. 3, 1992). Essa resenha é particularmente importante por duas razões adicionais.

Em primeiro lugar, nela o leitor poderá encontrar referência a autores seminais da Psicologia e da Sociologia que abordaram a cooperação como fenômeno social – como George Homans, Morton Deutsch, e o trabalho conjunto de Gerald Marwell e David Schmitt que resultou no livro *Cooperation: an Experimental Analysis*, de 1975 (Academic Press Inc.). A leitura desses autores, assim como de outros com os quais pude me familiarizar, ao longo dos anos, guiada pela revisão de literatura do verbete "Cooperation", contribuição de Robert Nisbet à *International Encyclopedia of the Social Sciences* (editada por David L. Sills e Robert K. Merton e publicada pela Macmillan em 1968), formaram a base para discussões gerais, realizadas na Introdução deste manual, sobre a cooperação.

Em segundo lugar, a resenha de Milner mencionada se tornou a base introdutória para seu livro *Interests, Institutions and Information: Domestic Politics and International Relations*, publicado pela Princeton University Press em 1997, explorando os determinantes domésticos da cooperação. A análise da influência de fatores domésticos na cooperação e na não cooperação entre Estados havia ganhado fôlego com a publicação de um artigo que foi essencial para boa parte das considerações da seção "Limites do debate (1): variáveis domésticas": "Diplomacy and Domestic Politics: the Logic of Two-level Games", de Robert Putnam (*International Organization*, v. 42, n. 3, 1988). Este, por seu turno, fundamentou pesquisa mais aprofundada que resultou no livro *Double-Edged Diplomacy: International Bargaining and Domestic Politics*, publicado em 1993 pela University of California Press, tendo como editores, além de Putnam, Peter Evans e Harold K. Jacobson.

Para quem se interessa especificamente pela economia política da cooperação tecnológica, sugiro leitura do capítulo 5 do último livro mencionado, *Armament among Allies: European Wweapons Collaboration, 1975-1985*, de autoria de Andrew Moravcsik. Essa produção atribui importância crucial, para entendermos decisões sobre a cooperação entre Estados, aos interesses do setor privado.

Suas descobertas podem ser contrastadas, por exemplo, com aquelas realizadas pelo artigo "Do Relative Gains Matter? America's Response to Japanese Industrial Policy", de Michael Mastanduno, publicado na *International Security* em 1991. Esse artigo atribui relevância central, para entender posturas cooperativas ou anticooperativas por parte dos Estados Unidos, no que se refere à implementação ou à não implementação da cooperação tecnológica com o Japão, a dinâmicas relacionadas à segurança. Mastanduno também é um dos autores realistas que consideram dimensões domésticas em suas análises, ainda que entenda que sua influência esteja condicionada a avaliações sobre a segurança internacional.

Acho importante reiterar que as considerações apresentadas no livro sobre as limitações das vertentes mais recentes do liberalismo não devem ser confundidas com críticas mais gerais a essa perspectiva. Diversos de seus expoentes, para além dos momentos em que imperou o afã de estabelecer um diálogo com os realistas, reconheceram e exploraram de maneira significativa a relação entre as decisões estatais e atores não estatais que atuam em âmbito doméstico e/ou transnacional.

Entre eles estão tanto autores identificados com as perspectivas funcionalistas, como David Mitrany (*A Working Peace System: an Argument for the Functional Development of International Organization*, livro publicado pelo Royal Institute of International Affairs em 1943) e Peter Haas (ver o artigo "Epistemic Communities and International Policy Coordination", publicado pela *International Organization* em 1992 – v. 46, n. 1), quanto trabalhos mais antigos de Keohane em parceria com Joseph Nye. A obra mais conhecida é o livro *Power and Interdependence: World Politics in Transition* (The Book Service, 1977), mas também sugiro leitura de edição especial organizada pelos dois autores da revista *International Organization* (*Transnational Relations and World Politics,* v. 25, n. 3, 1971).

Entender o lugar do Sul nas relações internacionais talvez seja tarefa mais complexa. Um primeiro caminho seria consultar obras que se pretendem, de maneira mais explícita, a explorar o tema, como os livros *The South in World Politics*, de Chris Alden, Sally Morphet e Marco Antonio Vieira (Springer, 2010), e *Institutions of the Global South*, de Jacqueline Anne Braveboy-Wagner (Routledge, 2008). Trata-se, de fato, de obras relevantes por diversas razões, entre elas porque nos ajudam a compreender a evolução histórica da cooperação Sul-Sul.

Cooperação internacional

Também me chamam a atenção materiais que podem ser enquadrados no campo da chamada "Análise de Política Externa". São muitas as contribuições que se propõem a analisar o que seriam as particularidades da política externa dos países em desenvolvimento. Dois materiais que venho lendo e relendo há anos são: "The Effect of Size, Development and Accountability on Foreign Policy", de Stephen A. Salmore e Charles E. Hermann (*Peace Research Society Papers*, XVI, 1969); e "Internal Structure and External Behaviour: Explaining Foreing Policies of Third World States", de Joel S. Migdal (*International Relations*, v. 4. n. 5, 1972).

Uma das descobertas do primeiro estudo, o qual se baseia em métodos quantitativos, foi que os países em desenvolvimento tendem a adotar comportamentos mais conflitivos que os países desenvolvidos. Na época da publicação do artigo, boa parte do Terceiro Mundo era regida por governos ditatoriais, de modo que se atribui tais comportamentos não a um real desejo pelo conflito, mas à busca pela consolidação de seu poder interno por meio da construção de ameaças externas.

Outra forma de compreender tal comportamento, para além da questão dos regimes de governo, seria bastante elementar (e, possivelmente, mais perene): ora, se os países em desenvolvimento buscam uma revisão do *status quo*, e se não conseguem agregar as capacidades necessárias para que as modificações ocorram, é natural que adotem posturas conflitivas (sobre esse argumento, ver o artigo "Negotiating from Asymmetry: the North-South Atalemate", de I. William Zartman, publicado no *Negotiation Journal*, v. 1, n. 2, 1985).

Outra maneira de dar sentido à política externa dos países em desenvolvimento, inclusive para que possamos compreender a sustentação de decisões pró ou anticooperação com parceiros específicos ao longo do tempo, é focar aspectos relacionados ao menor grau de amadurecimento de suas burocracias. Em contexto marcado por aparatos burocráticos pouco consolidados, as decisões ficariam mais sujeitas às percepções de líderes específicos (ver o artigo de Joe S. Migdal mencionado), o que pode levar a flutuações mais frequentes nas decisões de política externa nos países em desenvolvimento.

Uma consideração adicional relevante se relaciona ao que Robert Axelrod reconheceu explicitamente como uma das limitações ao modelo que propõe para explicar a cooperação internacional – o dilema do prisioneiro iterado (ver livro referido no início desta seção, *The Evolution of Cooperation*). Para considerar se o seu país deve ou não cooperar com outro, Axelrod diz que é necessário levar em consideração o histórico das interações com aquele país. Se esse histórico foi cooperativo, deve-se cooperar. Do contrário, não se deve cooperar.

Mas saber se outro país foi ou não cooperativo em períodos anteriores demanda memória institucional e insumos gerados por avaliações, algo que não pode ser tomado como dado no caso de diversos países em desenvolvimento. Isso significa que esses países podem seguir cooperando com outros não porque foi avaliado benefício no passado, mas justamente por tal avaliação não ter sido conduzida. Tentei desenvolver esse ponto em um dos últimos artigos que publiquei, "Cooperating in Asymmetric Contexts: an Interdisciplinary Approach to STI Negotiations Involving Developing Countries" (*Revista Tempo do Mundo*, n. 28, 2022).

Do ponto de vista da economia política, tradicionalmente as perspectivas que mais contribuíram para pensar a inserção internacional do Sul Global estão relacionadas à teoria da dependência e do sistema-mundo. Como existem diversas teorias da dependência, pode ser importante iniciar com materiais que se propõem a revisar as diversas perspectivas, como o artigo "As três interpretações da dependência", de Luiz Carlos Bresser-Pereira (*Perspectivas*, v. 38, 2010); e o livro *A teoria da dependência: balanço e perspectivas*, de Theotônio dos Santos (reeditado e atualizado pela editora Insular em 2023).

O livro de Immanuel Wallerstein, *World-System Analysis: an Introduction* (Duke University Press, 2004), como o próprio nome diz, pretende atender ao leitor que deseja começar a se familiarizar com o sistema-mundo, sendo outro autor relevante Giovanni Arrighi (ver, por exemplo, o livro *A ilusão do desenvolvimento*, publicado no Brasil em 1998 pela editora Vozes).

A contribuição de ambas as perspectivas diz respeito ao reconhecimento de que desenvolvimento e subdesenvolvimento são dinâmicas historicamente complementares. Com isso, problematiza-se a ideia de que a solução para o desenvolvimento estaria relacionada à reprodução de modelos dos países desenvolvidos pelos países em desenvolvimento. Ora, a questão é que boa parte das iniciativas de cooperação internacional se propõe, justamente, ao compartilhamento de tais modelos. Mas se, na prática, há competição entre os países para manter ou melhorar sua posição nas relações internacionais, pode-se perguntar: em que medida tais iniciativas teriam, de fato, o propósito de contribuir para o aprimoramento da posição de um competidor real ou potencial?

Leitores que desejam melhor compreender os propósitos dos países ricos ao oferecer seus recursos a países em desenvolvimento, por meio de doações ou créditos concessionais, encontrarão em *Foreign Aid: Diplomacy, Development, Domestic Politics* (2007) uma excelente análise geral e específica de cinco casos (Estados Unidos, Japão, França, Alemanha, Dinamarca). Escrito por Carol Lancaster, ex-funcionária da Usaid, o livro é bastante didático, apresentando os principais marcos históricos da cooperação para o desenvolvimento na vertente Norte-Sul.

Ao mesmo tempo, oferece boa introdução teórica ao tema ao abordar, por exemplo, as contribuições de Hans Morgenthau ("A Political Theory of Foreign Aid", artigo publicado em *The American Political Science Review* em 1962 – v. 56, n. 2) e de David Lumsdaine (*Moral Vision in International Politics: the Foreign Aid Regime, 1949-1989*, livro publicado pela Princeton University Press, em 1993).

Lancaster problematiza a ideia de que possamos atribuir propósitos únicos às decisões sobre a alocação setorial e geográfica da ajuda, sendo necessário entender a complexidade de tal processo, na medida em que envolve diversos atores com propósitos distintos dentro dos países doadores.

Antes de detalhar a trajetória da cooperação Norte-Sul, considerei necessário traçar, de maneira bastante sucinta, como se estruturaram historicamente as relações entre os países desenvolvidos ocidentais. Só assim seria possível entender, por exemplo, como esses países passaram a atuar em bloco para defender seus interesses e como tornaram-se referência para países em desenvolvimento.

A seção "Norte-Norte" do capítulo "A construção histórica da cooperação internacional em três eixos" tem início com uma breve discussão sobre a OCDE, tida como baluarte da cooperação entre países ricos. Para aprofundar seus conhecimentos sobre a organização, sugiro o livro *Mechanisms of OECD Governance: International Incentives for National Policy-making?* (Oxford University Press, 2010), editado por Kerstin

Martens e Anja Jakobi. Sobre a trajetória das parcerias do Brasil com a organização, ver "O Brasil e a OCDE: uma aproximação pelas bordas" (*Cindes*, n. 4, dez. 2008), de Michelle Ratton. Uma boa revisão histórica da organização em português, que inclui discussões mais atualizadas sobre a participação do Brasil, é a tese do curso de Altos Estudos do Instituto Rio Branco: *A OCDE em rota de adaptação ao cenário internacional: perspectivas para o relacionamento do Brasil com a organização* (Brasília: Funag, 2018), de autoria do diplomata Rodrigo de Oliveira Godinho.

Como foi postulado, entende-se que a criação da OCDE, bem como a eficácia da organização, resulta da trajetória de adensamento das relações securitárias e econômicas entre países que hoje chamamos de industrializados. A contribuição da Escola Inglesa é fundamental para compreender as raízes históricas da cooperação europeia, assim como da difusão dos valores ocidentais para outras partes do mundo. O livro de Adam Watson, *A evolução da sociedade internacional*, publicado no Brasil pela editora UnB em 2006, é leitura obrigatória para quem deseja melhor compreender tal trajetória.

A coesão historicamente construída no Ocidente, em suas disputas com o mundo não ocidental, é abordada por Watson, assim como, de maneira mais sucinta, por Hedley Bull no ensaio "The Revolt against the West", publicado pela Claredon Press, em 1984, em livro editado por ambos (*The Expansion of International Society*). Esse ensaio também é fundamental para entender o lugar do Terceiro Mundo nas relações internacionais e o *rationale* da cooperação, sobretudo política, entre os países pertencentes a esse bloco, sendo um de seus baluartes a demanda pela igualdade racial. As ideias de Bull influenciaram profundamente reflexões sobre a nova onda de questionamentos da ordem mundial pelos países do Sul no século XXI, sendo uma delas o artigo "Narratives of Emergence: Rising Powers and the End of the Third World?", de Andrew Hurrell (*Brazilian Journal of Political Economy*, v. 33, n. 2, 2013).

Os caminhos para lidar com as desigualdades entre países do Norte e do Sul, bem como o papel da cooperação, assumiram diversas roupagens interpretativas. Por um lado, o realismo periférico, proposto pelo argentino Carlos Escudé, argumentava que não seria possível que os países em desenvolvimento se desvencilhassem das preferências das grandes potências,

Cooperação internacional

dado que dependiam economicamente delas. Assim, o caminho seria aceitar essa desigualdade e buscar ganhos econômicos em troca do alinhamento a tais preferências. Pode-se inferir, portanto, que, para o realismo periférico, a cooperação Norte-Sul seria a frente central para promover o desenvolvimento dos países do Sul.

Escudé foi autor, por exemplo, do capítulo "An Introduction to Peripheral Realism and its Implications for the Interstate System: Argentina and the Condor II Missile Project", publicado no livro *International Relations Theory and the Third World* (Palgrave Macmillan, 1998). Nesse livro, editado Stephanie G. Neuman, o leitor poderá se familiarizar, de modo mais geral, com os limites das teorias do *mainstream* das Relações Internacionais, a fim de compreender a inserção internacional dos países em desenvolvimento, assim como com abordagens que se propõem a suprir essa lacuna, como o realismo subalterno de Mohammed Ayoob (ver o capítulo "Subaltern Realism: International Relations Meets the Third World").

Por outro lado, um grupo de estudiosos dependentistas defendia a importância do fortalecimento do movimento terceiro-mundista, no âmbito da cooperação Sul-Sul, para que se buscasse, coletivamente, uma revisão efetiva da ordem econômica internacional. Esses mesmos estudiosos, contudo, tornaram-se céticos em relação a essa união. O ensaio "Collective Self-reliance or National Liberation?", de Samir Amin, publicado no livro *Dialogue for a New Order*, editado por Khadija Haq (Pergamon Policy Studies, 1980), reflete bem essa postura.

Segundo ele, propostas relevantes para o Terceiro Mundo, como as relacionadas à transferência tecnológica, foram rejeitadas, ao mesmo tempo que houve pulverização da agenda do desenvolvimento internacional em diversas temáticas, negociações e conferências. Entre as frentes que desviariam a atenção de agendas que realmente contribuiriam para promover o desenvolvimento autônomo dos países do Sul, Amin incluiu, por exemplo, a cooperação entre países em desenvolvimento, demonstrando, portanto, postura crítica em relação ao tema.

Em busca de explicações empíricas para períodos marcados pelo estreitamento de laços entre países do Sul, pesquisadores inspirados no sistema-mundo ressaltaram suas raízes econômicas. Um exemplo dessas discussões pode ser encontrado em livro editado por Jerker Carlsson, *South-South Relations in a Changing World Order* (Nordic Africa Institute, 1982). Em períodos marcados pela restrição ao acesso dos bens produzidos na semiperiferia ao mercado dos países centrais, países semiperiféricos buscariam abrir novos mercados na periferia. A cooperação técnica entre países em desenvolvimento poderia se configurar como instrumento para a abertura de mercados periféricos por países da semiperiferia. Descobertas como essas, portanto, colocam em xeque o discurso oficial predominante da cooperação Sul-Sul, que ressalta a dimensão da solidariedade.

Entretanto, o apelo retórico da solidariedade Sul-Sul não passou despercebido por organizações internacionais e por agências de desenvolvimento do Norte. Estas, além de terem passado a restringir cada vez mais o acesso de países emergentes a financiamentos internacionais, incitaram o compartilhamento de experiências entre países do Sul que tivessem amparo em modelos prévios transferidos no âmbito Norte-Sul ou que promovessem políticas alinhadas com os valores e objetivos do Norte.

Para maior familiarização com o tema, sugiro três leituras: o capítulo "South-South Cooperation: Past and Present Conceptualization and Practice", de Michelle Moraes, publicado no livro *South-South Cooperation in Education and Development* (Teachers College Press, 2009); a tese do curso de Altos Estudos do Instituto Rio Branco de autoria de Carlos Alfonso Iglesias Puente, *A cooperação técnica horizontal brasileira como instrumento da política externa: a evolução da cooperação técnica com países em desenvolvimento no período 1995-2005* (Brasília: Funag, 2010); e o livro *Prática comentada da cooperação internacional: entre a hegemonia e a busca de autonomia* (2010), de Márcio Lopes Corrêa, gerente de divisão da Agência Brasileira de Cooperação. Essas referências, produzidas por estudiosos e/ou operadores da cooperação internacional, incluem importantes discussões sobre a trajetória e os desafios da cooperação para o desenvolvimento nas vertentes Norte-Sul e Sul-Sul.

Para quem quiser se aprofundar em estudos mais críticos sobre a cooperação para o desenvolvimento, sugiro a leitura de trabalhos produzidos no âmbito da Antropologia, sendo duas das autoras de referência no Brasil as professoras Letícia Cesarino (UFSC) e Kelly Silva (UnB); da Ciência Política, com destaque para os diversos trabalhos de autoria ou coautoria de Carlos Milani sobre a cooperação brasileira e para as pesquisas realizadas sobre a cooperação chinesa, há décadas, por Deborah Bräutigam (ver, por exemplo, o artigo "South-South Technology Transfer: the Case of China's Kpatawee Rice Project in Liberia", publicado na *World Development* – v. 21, n. 12, 1993); da Sociologia, ver, por exemplo, o capítulo "From Materialism to Non-materialism in International Development", de Vanessa Pupavac, publicado no livro *Challenging the Aid Paradigm: Western Currents and Asian Alternatives* (Springer, 2010, ed. Jens Stilhoff Sörensen); da Geografia, sendo aqui os de maior impacto os trabalhos da britânica Emma Mawdsley, de Cambridge; e da Economia, recomendando-se o livro da zambiana Dambisa Moyo, *Dead Aid: Why Aid is not Working and how There is a Better Way for Africa* (Farrar, Straus and Giroux, 2010).

Discussões críticas específicas sobre a questão da metrificação da cooperação para o desenvolvimento, incluindo a posição e as propostas de países emergentes, podem ser encontradas no trabalho de Laura Trajber Waisbich, atual diretora do Brazillian Studies Programme da Universidade de Oxford (ver, por exemplo, o artigo "'It Takes Two to Tango': South-South Cooperation Measurement Politics in a Multiplex World", publicado em 2022 na *Global Policy*, 13).

Um volume relevante para que o leitor se familiarize com diversas contribuições críticas contemporâneas de autores do Sul sobre a cooperação Sul-Sul é o livro *Beyond the Myths: Rising Donors, New Aid Practices?*, editado por Isaline Bergamaschi, Phoebe Moore e Arlene B. Tickner (Palgrave Macmillan, 2017).

Se você se interessa especificamente pelas contribuições latino-americanas ao tema, ou pelo entendimento sobre a cooperação Sul-Sul em âmbito latino-americano, sugiro familiarização com quatro livros, em ordem cronológica: *La cooperación Sur-Sur en Latinoamérica: utopía y realidad* (Ediciones Los libros de la Catarata, 2010), organizado por Javier Surasky; os dois volumes do livro *De la diversidad a la consonancia: la cooperación sur-sur latinoamericana*, organizado por Citlali Ayala Martínez e Jesús Rivera de la Rosa (Instituto Mora, 2014); *Poderes emergentes y cooperación Sur-Sur: perspectivas desde el Sur global*, organizado por Gladys Lechini e Clarisa Giaccaglia (UNR Editora, 2016); e *Cooperación Sur-Sur para el desarrollo: experiencias latinoamericanas y caribeñas*, coordenado por Élodie Brun (El Colegio de México, 2021).

No que se refere ao envolvimento de atores não estatais na cooperação internacional, em vista de seu caráter altamente fragmentado, recomenda-se que os leitores interessados aprofundem seu conhecimento por meio de leituras introdutórias, posteriormente complementadas por trabalhos empíricos embasados em ampla construção de bancos de dados.

Antes de indicar leituras, cumpre destacar que a lógica das três seções que compõem o capítulo "Atores não estatais" foi pensada a partir de interseção entre discussões mais amplas a respeito da trajetória da atuação internacional dos atores estudados – organizações da sociedade civil, governos locais e universidades – e aquelas oriundas de reflexões específicas sobre sua participação na cooperação para o desenvolvimento. Essa lógica segue a proposta de Pierre Hafteck para analisar a cooperação descentralizada – ver "An Introduction to Decentralized Cooperation: Definitions, Origins and Conceptual Mapping", artigo publicado em 2003 na revista *Public Administration and Development*, 23 –, que, ademais, trata-se de excelente leitura introdutória para os estudiosos ou operadores de políticas públicas, interessados no envolvimento dos governos subnacionais na cooperação para o desenvolvimento.

No caso das discussões mais amplas sobre a atuação internacional de organizações da sociedade civil, sugiro leitura da obra *Constructing World Culture: International Nongovernmental Organizations since 1875*, editado por John Boli e George M. Thomas (Stanford University Press, 1999). Esse livro se baseia em amplo banco de dados construído a partir da sistematização dos *Yearbooks of International Organizations*, publicação da Union of International Associations, permitindo traçar a trajetória das ONGs internacionais e de suas áreas de atuação, entre diversos outros aspectos. Em especial, muitas das considerações históricas tecidas na seção "Organizações da sociedade civil" basearam-se no capítulo "Development INGOs", de Colette Charbott.

Para entender melhor o papel das articulações transnacionais no estabelecimento da Convenção de Genebra, sugiro leitura do capítulo 3 do livro *National Interests in International Society*, de Martha Finnemore (Cornell University Press, 1996), "Norms and War: the International Red Cross and the Geneva Conventions". Esse livro também aborda a importância do Banco Mundial para as transformações da agenda do desenvolvimento internacional que levaram à emergência da pobreza como questão central, a partir da abordagem das Necessidades Humanas Básicas (ver capítulo 4, "Norms and Development: The World Bank and Poverty").

Já discussões específicas sobre o papel de organizações da sociedade civil na construção das políticas de cooperação para o desenvolvimento podem ser encontradas, por exemplo, ao longo dos capítulos dos livros de Carol Lancaster e de David Lumsdaine referidos anteriormente.

Em vista da relevância contemporânea do tema, a OCDE conta com página específica em que são publicados os resultados de levantamentos e pesquisas patrocinados pela organização – Civil Society Engagement in Development Co-operation, disponível em: <https://www.oecd.org/dac/civil-society-engagement-in-development-co-operation.htm>. O tema também tem sido objeto de discussões apoiadas pelo PNUD (ver, por exemplo, *An Overview of International NGOs in Development Cooperaton*, de Bill Morton) e do Brookings Institute (ver "Private Development Assistance: the Importance of International NGOs and Foundations in a New Aid Architecture", de Samuel Worthington e Tony Pipa, capítulo publicado no livro *Catayzing Development: a New Vision for Aid,* publicado em 2011).

Em geral, as referências mencionadas nos parágrafos anteriores não incluem mapeamentos e discussões mais detalhadas sobre a cooperação Sul-Sul envolvendo atores não governamentais. Em parceria com Laura Waisbich e Melissa Pomeroy, tive a oportunidade de realizar uma pesquisa sobre o tema que resultou no capítulo "Travelling across Developing Countries: Unpacking the Role of South-South Cooperation and Civil Society in Policy Transfer", publicado no *Handbook of Policy Transfer, Diffusion and Circulation*, livro editado por Osmany Porto de Oliveira (Edward Elgar Publishing, 2021). Como esse capítulo se baseou em revisão sistemática de literatura, nele o leitor poderá encontrar indicações de diversas leituras.

Se o tema da cooperação descentralizada despertou o seu interesse, sugiro iniciar pela leitura do artigo já referido de Pierre Hafteck, que continua posicionado entre os mais relevantes na Web of Science. O autor traça a trajetória da cooperação envolvendo as cidades, discutindo o papel dos irmanamentos e das germinações. Em seguida, adiciona reflexões específicas sobre alguns marcos, que nos ajudam a entender como a cooperação descentralizada emergiu no campo da cooperação para o desenvolvimento.

Muito se fala sobre essa modalidade ser mais horizontal, mas isso foi problematizado neste manual, principalmente, levando-se em conta que as capacidades de inserção internacional ativa das cidades são díspares. Se você for operador das relações internacionais de uma prefeitura e quiser desenhar sua atuação de maneira mais estratégica, evitando a armadilha de assinar acordos internacionais de forma indiscriminada, sugiro ler o livro *City Diplomacy*, de Lorenzo Grandi, publicado pela Palgrave Macmillan em 2020. O livro também apresenta conceitos e marcos históricos relevantes, além de contar com capítulos sobre temas específicos, como meio ambiente e migração. Suas contribuições para o envolvimento das cidades na construção da paz internacional, entre outros aspectos, foram fundamentais para discussões realizadas na seção "Governos locais" do capítulo "Atores não estatais" deste manual.

Se seu interesse é acessar pesquisas baseadas em ampla construção de bancos de dados sobre as redes de cidades, sugiro familiarização com os projetos coordenados por Michele Acuto, da Universidade de Melbourne, os quais resultaram, por exemplo, no artigo "Understanding the Global Ecosystem of City Networks", publicado em coautoria com Benjamin Leffel na revista *Urban Studies*, em 2020. Graças a essa contribuição foi possível traçar um panorama mais geral das redes que permitiu, por exemplo, identificar o perfil de sua expansão em anos recentes, além de entender a distribuição das redes por região e seus principais financiadores e temáticas, com destaque, respectivamente, para o setor privado e para o meio ambiente.

Como foi mencionado, ainda na seção "Governos locais", o tema da paradiplomacia, não poderia deixar de indicar leituras. No Brasil, duas grandes referências no tema são Mónica Salomón e Alberto Kleiman, autores dos dois capítulos da obra que compõem a Parte V – Paradiplomacia – do livro *Política externa brasileira: as práticas da política e a política das práticas*, organizado por Carlos Milani e Leticia Pinheiro (FGV Editora, 2012). A literatura internacional sobre a paradiplomacia é bastante ampla, sugerindo-se a excelente revisão realizada por Tianyang Liu e Yao Song no artigo "Chinese Paradiplomacy: a Theoretical Review" (*Sage Open*, 2020), o qual aborda não apenas trabalhos clássicos sobre o tema, mas também a perspectiva chinesa.

Cooperação internacional

A seção "Universidades" do capítulo "Atores não estatais", sobre o papel dessas instituições na cooperação internacional, também foi desenhada de modo a entender, por um lado, a evolução das redes científicas internacionais e, por outro, a participação de instituições de ensino superior na cooperação para o desenvolvimento. No primeiro caso, uma das referências que mais têm contribuído para os meus estudos é Caroline Wagner. Ela possui diversas produções, inclusive em coautoria, voltadas para mapear e entender a evolução histórica das redes e suas características contemporâneas. Seu livro, *The New Invisible College: Science for Development*, publicado pelo Brookings em 2008, traz importantes contribuições não só do ponto de vista acadêmico, mas também com implicações práticas bastante visíveis, podendo e devendo ser lido por gestores das políticas de internacionalização da ciência.

Para escrever a parte histórica da seção "Universidades", além do livro de Wagner, utilizei dois estudos clássicos que resultaram no artigo "The Spread of Western Science", de George Basalla, publicado na *Science* em 1967 (v. 156); e no livro *Little Science, Big Science*, de Derek J. de Solla Price (Columbia University Press, 1963).

Já a interface com a agenda da cooperação para o desenvolvimento é tema central de pesquisas recentes patrocinadas pela Unesco, as quais vêm divulgando dados abrangentes e inéditos sobre a ajuda para instituições de ensino superior. Em 2022, por exemplo, a agência publicou o estudo *Exploring International Aid for Tertiary Education: Recent Developments and Current Trends*. Este é o tópico central, ainda, em estudo conduzido em 2024 pelo Centre for Global Higher Education da Universidade de Oxford, que publicou, em 2023, o *working paper* "Reconceptualising International Flows to Aid to and through Higher Education", de autoria de Lee Rensimer e Tristan McCowan. Lendo esse material, o leitor conseguirá se familiarizar, rapidamente, com as principais referências no tema, assim como com esforços realizados por diversas instituições no mundo para quantificá-lo e qualificá-lo.

Para leitores que se interessem pela cooperação educacional no Brasil e pela internacionalização das universidades do país, sugiro familiarização com as teses de doutorado de duas gestoras e pesquisadoras: Fernanda Leal (*As bases epistemológicas dos discursos dominantes de internacionalização da educação superior do Brasil*, defendida em 2020); e Sonia Laus (*A internacionalização da educação superior: um estudo de caso da Universidade Federal de Santa Catarina*, defendida em 2015). Outra tese de doutorado relevante, especificamente para entender o PEC-G e o PEC-PG, é a de autoria de Gabriela Ferreira – *Brazilian Educational Diplomacy: PEC-G and PEC-PG as Foreign Policy Tools*, defendida em 2019.

O capítulo "Temas" deste manual, que abordou quatro temas, buscou explorar de modo mais detido a participação do Brasil na cooperação internacional. O tema da cooperação nuclear, de maneira geral, é objeto de pesquisa de diversos historiadores da ciência e da tecnologia, entre eles, John Krige. Ele é autor de diversas publicações, nas quais a seção "Cooperação nuclear" se baseou, como o artigo "Atoms for Peace, Scientific Internationalism, and Scientific Intelligence" (revista *Osiris*, v. 21. n. 1, 2006); o capítulo "Technological Collaboration and Nuclear Proliferation: a Transnational Approach", publicado no primeiro volume do livro *The Global Politics of Science and Technology* (Springer, 2014, editado por Maximilian Mayer, Mariana Carpes e Ruth Knoblich); e o livro *Nasa in the World: Fifty Years of International Collaboration in Space*, escrito em coautoria com Angelina Long Callahan e Ashok Maharaj (Palgrave Macmillan, 2013).

Outros trabalhos seminais que me permitiram abordar discussões mais específicas da cooperação nuclear, como aquelas relacionadas à construção e à difusão da tecnologia da centrífuga a gás, ou a negociação de acordos que possibilitaram aos Estados Unidos o controle sobre o comércio de materiais físseis, foram, respectivamente, o artigo "The End of Manhattan: how Gas Centrifuge Changed the Quest for Nuclear Weapons" (*Technology and Culture*, v. 56, n. 12, 2012), de R. Scott Kemp; e o livro *Gathering Rare Ores: the Diplomacy of Uranium Acquisition, 1943-1954* (Princeton University Press, 1986), de Jonathan E. Helmereich.

No Brasil, entre os autores de referência em estudos relacionados ao programa nuclear brasileiro, assim como a sua interface com a cooperação internacional, estão Maria Regina Soares de Lima (ver sua tese de doutorado, *The Political Economy of Brazilian Foreign Policy: Nuclear Energy, Trade and Itaipu*, publicada em 2013 pela Funag); Renata Dalaqua (ver sua tese de doutorado, *Átomos e democracia no Brasil: a formulação de políticas e os controles democráticos para o ciclo do combustível nuclear no período pós-1988*, defendida em 2017 e orientada por outro grande especialista no tema, Matias Spektor); e Carlo Patti (ver seu livro *Brazil in the Global Nuclear Order, 1945-2018*, publicado pela Johns Hopkins University Press em 2021).

Em relação ao programa do submarino nuclear brasileiro, também incluindo discussões importantes sobre a cooperação internacional e a trajetória do regime nuclear, sugiro a leitura da tese *O sistema de salvaguardas da Agência Internacional de Energia Atômica e os procedimentos especiais: implicações para o programa brasileiro de desenvolvimento de submarino com propulsão nuclear* (Brasília: Funag, 2022), produzida no âmbito do curso de Altos Estudos do Instituto Rio Branco pelo diplomata Marcelo Böhlke.

Já no que diz respeito à cooperação agrícola, as considerações sobre o caso do Brasil se basearam, em grande medida, no capítulo sobre a Embrapa da minha tese de doutorado, listada na bibliografia deste livro, na qual também me baseei para compilar as informações sobre o Senai abordadas na seção "Universidades", assim como para retomar diversas discussões basilares nos capítulos "Os principais debates teóricos e as suas limitações" e "A construção histórica da cooperação internacional em três eixos" deste manual.

Tive a oportunidade de me atualizar sobre o tema da participação do Brasil na cooperação alimentar, ao orientar dois trabalhos do Programa de Pós-Graduação em Relações Internacionais da Universidade Federal de Santa Catarina (UFSC): a dissertação de Lais Kuss, intitulada *A inclusão do ProSAVANA na agenda da cooperação triangular Brasil-Japão-Moçambique: contexto externo, relações bilaterais e contexto doméstico brasileiro* (2017); e a tese de doutorado de Renata Anunciato, em fase de finalização em 2024, sobre a evolução da participação da Embrapa no projeto Cotton-4 (*Fortalecimento tecnológico e difusão de boas práticas agrícolas para o algodão nos países do C-4 e Togo*).

As considerações sobre o envolvimento do Brasil na cooperação alimentar foram antecedidas por aquelas relacionadas à difusão da prática da cooperação alimentar pelo mundo, sendo fundamental entender o papel das experiências estadunidenses e da Organização das Nações Unidas para Alimentação e Agricultura (FAO) (ver o livro de Carol Lancaster mencionado, incluindo o capítulo a respeito do histórico geral e aquele sobre os Estados Unidos). A FAO liderou a campanha *Freedom from Hunger*, sendo um material de apoio relevante edição especial de 1962 da revista *Courrier*, da Unesco, intitulada *Freedom from Hunger*. Entre materiais mais recentes produzidos pela FAO, que abordam os desafios da questão alimentar em âmbito global, está *The State of Food and Nutrition in the World: Urbanization, Agrifood Systems Transformation and Healthy Diets across the Rural-urban Continuum* (2023), do qual foram extraídas as considerações finais da seção "Cooperação alimentar".

Já no caso da seção "Cooperação ambiental", boa parte dela se baseia na tese do curso de Altos Estudos do Instituto Rio Branco do diplomata André Aranha Corrêa do Lago, intitulada *Estocolmo, Rio, Joanesburgo: o Brasil e as três conferências ambientais das Nações Unidas* (Brasília: Funag, 2006). Considerações de outra tese do mesmo curso, *A década das conferências (1990-1999)*, de autoria do diplomata José Augusto Lindgren Alves, também foram relevantes não apenas para a seção ambiental, mas também para outras considerações tecidas ao longo deste manual sobre as transformações na governança dos temas sociais no âmbito da ONU que aconteceram a partir dos anos 1990; e sobre a cooperação em outros temas, particularmente no caso da agenda urbana.

Entre o final da década de 2010 e o início da década de 2020, pude me familiarizar com os temas emergentes da agenda ambiental referidos no fim da seção "Cooperação ambiental" graças a pesquisas realizadas por três orientandos de mestrado do Programa de Pós-Graduação de Relações Internacionais da UFSC: Júlia Mascarello (dissertação: *A cooperação internacional em contextos assimétricos: uma análise da cooperação Brasil-Alemanha em bioeconomia*, defendida em 2020); Carolina Micheletti (dissertação: *A colaboração científica internacional em oceanos: um estudo sobre as redes envolvendo pesquisadores catarinenses*, defendida em 2023); e Bruno Teixeira Andrade (dissertação: *A não evolução da cooperação: a influência de interesses econômicos na exclusão da agenda da bioprospecção do Regime Internacional Antártico*, defendida em 2024).

No caso dos obstáculos a iniciativas cooperativas que garantam a distribuição justa e equitativa dos benefícios extraídos por empresas inovadoras a partir da biodiversidade e dos saberes de comunidades do Sul Global, que compõem o rol de desafios enfrentados pela cooperação em bioeconomia, sugiro dois trabalhos produzidos por operadores de políticas públicas no Brasil: Leopoldo Coutinho, atual coordenador de Relações Internacionais do Instituto Nacional de Propriedade Industrial (Inpi) – ver sua dissertação de mestrado, *A atuação diplomática brasileira no 1º mandato (2001-2003) do Comitê Intergovernamental sobre Propriedade Intelectual e Recursos Genéticos, Conhecimentos Tradicionais e Folclore (IGC), da Organização Mundial de Propriedade Intelectual (OMPI)*, defendida em 2004); e Bruno Barbosa, do Instituto Brasileiro do Meio Ambiente e dos Recursos Naturais Renováveis (Ibama) – ver o artigo "O *new enclosure* sobre trajetórias tecnológicas como base geopolítica da biopirataria internacional", publicado na *Revista Tempo do Mundo* (v. 4, n. 1, 2018).

No que se refere especificamente à agenda da cooperação oceânica, tenho tido a oportunidade de aprofundar meus conhecimentos graças a projeto de pesquisa, concluído em 2024, financiado pela Fapesc (Fundação de Amparo à Pesquisa e Inovação de Santa Catarina), sobre o caso das redes envolvendo cientistas catarinenses. Diversas das elaborações tecidas no livro a respeito de redes envolvendo cientistas de países do Sul, e suas implicações para o seu desenvolvimento, foram baseadas nesse projeto. Para a revisão bibliográfica da pesquisa, foram fundamentais as diversas produções, além do aconselhamento, de Ana Flávia Barros e Granja, professora da Universidade de Brasília (UnB), e de Andrei Polejack, atual diretor de Pesquisa e Inovação do Instituto Nacional de Pesquisas Oceânicas (Inpo).

Em parceria com a professora Ana Flávia, Rafael Schleicher e Pedro Silva Barros, tive a oportunidade de organizar edição especial da *Revista Tempo do Mundo*, do Instituto de Pesquisa Econômica Aplicada (Ipea), *Cooperação Sul-Sul para o desenvolvimento no pós-pandemia: desafios e oportunidades para o Brasil e o mundo* (n. 31, 2023). Diversas contribuições desse volume foram relevantes para embasar as últimas seções deste livro. Em primeiro lugar, sobre o Fundo Amazônia, não poderia deixar de recomendar a excelente contribuição de Johanne Dohlie Saltnes e Juliana Santiago – *Small North and Big South: the Ownership-donorship Nexus in the Amazon Fund* –, que revisa a trajetória da iniciativa, incluindo aspectos recentes e o papel específico das negociações com o governo norueguês, de longe seu maior financiador.

Em segundo lugar, já passando ao caso da cooperação em saúde, recomendo leitura de outros dois artigos publicados na edição especial mencionada anteriormente, produzidos no contexto pós-pandemia e com importantes elaborações sobre suas implicações para as desigualdades internacionais: "A cooperação Sul-Sul e o multilateralismo multinormativo na criação do Centro de Pesquisa e Desenvolvimento de Vacinas dos Brics", de Camila dos Santos; e "Cooperação científica e tecnológica para o desenvolvimento e a produção de tecnologias farmacêuticas: um caminho para a autonomia em saúde na América do Sul", do professor Henrique Zeferino de Menezes.

Ainda durante o período da pandemia, uma excelente contribuição havia sido publicada por outra revista do Ipea, o *Boletim de Economia e Política Internacional* (n. 27, 2020): "Brazil's International Cooperation in Science, Technology and Innovation in the Context of the Covid-19 Pandemic", de autoria de Aline Chianca Dantas, Júlia Mascarello e Nanahira de Rabelo e Sant'Anna.

Sobre a iniciativa Acesso Global de Vacinas da Covid-19 (Covax), considerações sobre seus desafios, tecidas pelo artigo "A Critical Analysis of Covax Alliance and Corresponding Global Health Governance and Policy Issues: a Scoping Review", de autoria de Anjali Pushkaran, Vijay Kumar Chattu e Prakash Narayanan (*BMJ Global Health*, n. 8, 2023), foram abordadas na seção "Cooperação em saúde" deste manual.

Em relação ao contencioso patentes, outro tema referido na mesma seção, sugiro leitura do artigo "Negociações comerciais internacionais e democracia: o contencioso Brasil x EUA das patentes farmacêuticas na OMC", publicado pela revista *Dados* (v. 50, n. 1, 2007). Cumpre ressaltar que esse artigo aborda questões específicas associadas à trajetória de construção do Estado e do desenvolvimento nos países da América Latina, abordadas sucintamente na seção "Limites do debate (1): variáveis domésticas" e complementadas com contribuições de outros autores que abordei no artigo "Cooperating in Asymmetric Contexts", já mencionado.

No que concerne ao HIV/aids, foram importantes, para as elaborações sobre a cooperação no tema, gerais e específicas sobre a cooperação Sul-Sul brasileira, respectivamente, os artigos: "The Securitization of the HIV/aids Epidemic as a Norm: a Contribution of Constructivist Scholarship on the Emergence and Diffusion of International Norms", de Marco Antonio Vieira, publicado na revista *Brazilian Political Science*

Review (v. 1, n. 2, 2007); e "O perfil dos projetos de cooperação técnica brasileira em Aids no mundo: explorando potenciais hipóteses de estudos", de Thaísa Lima e Rodrigo Campos (*Reciis*, v. 4, n. 1).

Leitores interessados em aprofundar seus conhecimentos gerais sobre a cooperação em saúde em diversas modalidades, a partir da perspectiva do Brasil, encontrarão uma lista extensa de trabalhos produzidos, inclusive em coautoria, por pesquisadores vinculados à Fiocruz, como: Carlos Gadelha, Carlos Henrique Assunção Paiva, Celia Almeida, Fernando Pires-Alves, Gilberto Hochman, José Paranaguá de Santana, José Roberto Ferreira, Nísia Trindade Lima e Paulo Buss.

Em particular, para amparar as considerações históricas realizadas na seção "Cooperação em saúde", utilizei o capítulo "O Brasil e a Organização Pan-Americana de Saúde: uma história em três dimensões", de Nísia Trindade Lima, publicado no livro *Caminhos da saúde pública no Brasil* (Editora Fiocruz, 2002, organização de Jacobo Finkelman); o artigo "Entre a ausência em Alma-Ata e o Prevsaúde: a atenção primária à saúde no ocaso da ditadura", de Fernando A. Pires-Alves e Carlos Henrique Assunção Paiva (*História, Ciências, Saúde*, v. 28, n. 3, 2021); e a tese de doutorado de Nicole Gayard, *A cooperação Sul-Sul em saúde brasileira: considerando conhecimentos, imaginários e práticas de uma política internacional*, defendida na Universidade Estadual de Campinas em 2016.

Bibliografia

ACUTO, Michele; LEFFEL, Benjamin. Understanding the global ecosystem of city networks. *Urban Studies*, 00(0), 1-17.

CERVO, Amado Luiz. "Socializando o desenvolvimento: uma história da cooperação técnica internacional do Brasil". *Revista Brasileira de Política Internacional*, v. 37, n. 1, 1994, pp. 37-63.

LEITE, Iara Costa. *O envolvimento da Embrapa e do Senai na Cooperação Sul-Sul*: da indução à busca pela retro-alimentação. Rio de Janeiro, 2013. Tese (Doutorado em Ciência Política) – Instituto de Estudos Sociais e Político, Universidade do Estado do Rio de Janeiro.

OCDE. *Development Assistance Committee Members and Civil Society*. Paris: OCDE, 2020. Disponível em: <https://www.oecd-ilibrary.org/sites/51eb6df1-en/index.html?itemId=/content/publication/51eb6df1-en>. Acesso em: 19 dez. 2023.

OCDE. *Development Co-operation Report 2023:* Debating the Aid System. Paris: OCDE, 2023. Disponível em: <https://www.oecd-ilibrary.org/sites/f6edc3c2-en/1/3/3/1/index.html?itemId=/content/publication/f6edc3c2-en&_csp_=e36383223262bf9cf22bfe7104aff3a9&itemIGO=oecd&itemContentType=book #figure-d1e9525-2542ec4e6b>. Acesso em: 19 out. 2023.

OCDE. *The Paris Declaration on Aid Effectiveness*: Five Principles for Smart Aid. Paris: OCDE, 2005. Disponível em: <https://www.oecd.org/dac/effectiveness/45827300.pdf>. Acesso em: 20 dez. 2023.

UCLG Peace Prize. "About the UCLG Peace Prize". Disponível em: <https://peaceprize.uclg.org/about/>. Acesso em: 19 dez. 2023.

UNCTAD. *Key Statistics and Trends in International Trade 2022*. Genebra: UNCTAD, 2023. Disponível em: <https://unctad.org/publication/key-statistics-and-trends-international-trade-2022>. Acesso em: 20 dez. 2023.

UNESCO. *Exploring International Aid for Tertiary Education*: Recent Developments and Current Trends. Paris: Unesco, 2022. Disponível em: <https://www.iesalc.unesco.org/wp-content/uploads/2022/05/IESALC_220512_INTERNATIONAL_AID_Report_v05-1.pdf>. Acesso em: 19 dez. 2023.

UNOSSC. *Buenos Aires Plan of Action*. New York, 1978. Disponível em: <https://unsouthsouth.org/bapa40/documents/buenos-aires-plan-of-action/>. Acesso em: 20 dez. 2023.

Agradecimentos

Não poderia encerrar este manual sem registrar meus sinceros agradecimentos a diversas pessoas que contribuíram para que eu pudesse seguir acumulando conhecimentos teóricos e práticos sobre o tema da cooperação internacional.

Em primeiro lugar, agradeço aos meus orientadores de graduação, Carlos Aurélio Pimenta de Faria (PUC-Minas), de mestrado, João Pontes Nogueira (PUC-Rio), de doutorado, Maria Regina Soares de Lima (Iesp/UERJ) e de pós-doutorado, John Krige (Georgia Tech) e Antonio Carlos Lessa (UnB).

Também considero que tive duas orientadoras de coração, Monica Hirst e Ana Flávia Granja e Barros, cujo incentivo, em diversos momentos da minha trajetória acadêmica, foi fundamental.

Meus orientandos de graduação, mestrado e doutorado da Universidade Federal de Santa Catarina (UFSC) também foram fundamentais para que eu pudesse alargar e aprofundar meus conhecimentos sobre diversos temas, particularmente no caso da cooperação científico-tecnológica, por isso, registro meu agradecimento a todos eles.

O diálogo com alunos da graduação em Relações Internacionais da UFSC que frequentaram o curso que ofereci sobre Cooperação Internacional para o Desenvolvimento, no primeiro semestre de 2023, foi

Cooperação internacional

crucial para que eu pudesse elaborar e reelaborar diversas considerações que aparecem neste manual, de modo que ficassem mais acessíveis ao público não especializado.

Ao longo dos anos, pude conhecer pesquisadores, gestores e/ou consultores que me abriram as portas para vivências mais próximas à prática da cooperação internacional: Bianca Suyama, Bruno Ayllón, Eduarda Hamann, Enrique Maruri, Fábio Veras, Nils-Sjard Schulz, Miguel Nino-Zarazua e Rodrigo Perpétuo. Graças a eles, tive a oportunidade de participar de projetos multinacionais, tais como: Task Team on South-South Cooperation (OCDE); Rising Power in International Development Programme (IDS); Research and Communication on Foreign Aid (UNU-Wider); Proyecto Municipia: sistematización y difusión de buenas practicas de implementación de políticas públicas de los gobiernos locales de América Latina basadas en la cooperación decentralizada y en los principios de la eficacia de la ayuda; *Strengthening Brazil's Civilian Capacities for Peace Support and Peace Building*.

Devo, ainda, reconhecer diversas trocas que realizei ao longo dos anos com Jurek Seifert e, mais recentemente, com meus colegas da UFSC que integram o Grupo de Pesquisa em Economia Política dos Sistemas-Mundo: Fábio Pádua dos Santos, Helton Ouriques e Pedro Antonio Vieira. Graças a eles pude tomar contato com diversas leituras que foram recomendadas no ensaio bibliográfico deste manual.

Por fim, a redação deste livro não teria sido possível sem o incentivo do meu filho Samuel e de grandes amigas – Clarice Peluso, Cristina Alexandre, Sheyla Zandonai – e sem o apoio do meu companheiro, Bruce, pai da Nina.

A autora

Iara Leite é professora do Departamento de Economia e Relações Internacionais da Universidade Federal de Santa Catarina (UFSC), onde lidera o grupo de pesquisa (CNPq) Relações Internacionais e Ciência, Tecnologia e Inovação. Doutora em Ciência Política pelo Instituto de Estudos Sociais e Políticos da Universidade do Estado do Rio de Janeiro (IESP-UERJ), foi pesquisadora visitante no Georgia Institute of Technology (Estados Unidos) e realizou estudos pós-doutorais na Universidade de Brasília. Atualmente é pesquisadora visitante no Latin American Centre da Universidade de Oxford (Reino Unido).

GRÁFICA PAYM
Tel. [11] 4392-3344
paym@graficapaym.com.br